CATALOGUE

D'UNE BELLE COLLECTION

DE

LETTRES AUTOGRAPHES

contenant

DES MANUSCRITS DE BUFFON ET DE PIRON

ET UN GRAND NOMBRE DE LETTRES

d'Artistes dramatiques de la France et de l'Étranger

DONT LA VENTE AURA LIEU

LE JEUDI **19** FÉVRIER **1857** ET JOURS SUIVANTS

à 7 heures du soir

RUE DES BONS-ENFANTS, 28, MAISON SILVESTRE

Salle n° 3

PAR LE MINISTÈRE

DE Me **PERROT**, COMMISSAIRE-PRISEUR

quai des Augustins, 55

ASSISTÉ DE M. **LAVERDET**, EXPERT

chargé de la vente

Ce Catalogue se distribue

A PARIS

CHEZ **LAVERDET**, expert en autographes

RUE SAINT-LAZARE, 24

1857

CATALOGUE

D'UNE BELLE COLLECTION

DE

LETTRES AUTOGRAPHES

contenant

DES MANUSCRITS DE BUFFON ET DE PIRON

ET UN GRAND NOMBRE DE LETTRES

d'Artistes dramatiques de la France et de l'Étranger

DONT LA VENTE AURA LIEU

LE JEUDI **19** FÉVRIER **1857** ET JOURS SUIVANTS

à 7 heures du soir

RUE DES BONS-ENFANTS, 28, MAISON SILVESTRE

Salle n° 3

PAR LE MINISTÈRE

DE Mᵉ PERROT, COMMISSAIRE-PRISEUR

quai des Augustins, 55

ASSISTÉ DE M. LAVERDET, EXPERT

chargé de la vente

Ce Catalogue se distribue

A PARIS

CHEZ LAVERDET, expert en autographes

RUE SAINT-LAZARE, 24

1857

ORDRE DES VACATIONS.

Première Vacation. . . . . — Jeudi 19 février 1857.

Du n° 1 au n° 166.

Deuxième Vacation. . . . . — Vendredi 20 février.

Du n° 167 à 325.

Troisième Vacation. . . . . — Samedi 21 février.

Du n° 326 à 474.

Il y aura chaque jour de vente, de une heure à trois, exposition des pièces qui seront vendues le soir.

Les acquéreurs payeront 5 pour 100 en sus du prix d'adjudication applicables aux frais.

On aura huit jours pour la vérification des pièces ; passé ce délai, aucune réclamation ne sera admise.

M. LAVERDET, chargé de la vente, recevra les commissions qui lui seront adressées (*les lettres doivent être affranchies*). Il est chez lui de une heure à quatre, les dimanches et fêtes exceptés, et du 15 avril au 15 octobre, les mercredis et samedis seulement.

EN DISTRIBUTION :

Catalogue de Lettres autographes, *Manuscrits, Documents historiques*, etc. (avec prix), de A. Laverdet, à Paris, rue Saint-Lazare, **24.** Ce Catalogue (dont il a déjà paru six numéros), est envoyé franc de port, aux personnes qui en font la demande par lettre affranchie.

SOUS PRESSE POUR PARAITRE PROCHAINEMENT :

Correspondance de Boileau et Brossette, avec les Œuvres supplémentaires. Première édition complète, en partie inédite, publiée sur les manuscrits originaux, par A. LAVERDET. — Un volume in-8, enrichi de plusieurs fac-simile.

Paris. — Typographie de Gaittet et Cie, rue Gît-le-Cœur, 7.

CATALOGUE

DE

LETTRES AUTOGRAPHES.

PREMIÈRE VACATION.

Jeudi 19 février 1857. — Nᵒˢ 1 à 167.

1. **ABERDEN** (lord), premier ministre anglais.
L. aut. sig. (en anglais, à la 3ᵉ personne). Londres, 4 avril 1847. 1
p. in-8.
ALTHOP (lord), chancelier de l'Echiquier, agronome.
L. aut. sig. (en anglais). 1831. 2 p. in-8.

2. **ACADÉMIE FRANÇAISE** (membres de l').
AGUESSEAU (le marquis d'). — BASSANO (le duc de). — BROGLIE (le
duc de). 2 lett. aut. — CABANIS. Appost. aut. sig. in-fol. — ETIENNE.
Appost. aut. sig. in-fol. — FOURIER. — LACUÉE, comte de Cessac.
— Huit lett. et pièces aut., et aut. sig.

3. **ACADÉMIE FRANÇAISE** (membres de l').
LEMERCIER. — PICARD. — PONGERVILLE. — PONSARD. — SAINTE-
BEUVE.—TISSOT. 2 pièces — VIENNET. — Huit lett. et pièces aut., et
aut. sig.

4. **ACADÉMIE FRANÇAISE** (membres de l')
LAPLACE. L. aut. sig 1 p. in-8. — FONTANES. L. aut. sig. 1 p. et
demie in-4. — LAUJON. Une ligne aut. et sa signature sur un titre de
livre. — VIENNET. L. aut. sig. Demi-p. in-8.— NAIGEON. Pièce aut.
signée en tête. 4. p. in-8. — MONTAZET, arch. de Lyon. L. aut. sig.
1 p. in-4.

5. **ACADEMIE DES INSCRIPTIONS** (membres de l')
ANQUETIL DU PERRON. Reçu aut. sig. in-18. — ARTAUD DE MONTOR.
L. aut. 1836. 3 p. in-8.— BARBIÉ DU BOCAGE. L. aut. sig. 1815. 1 p.
pl. in-4. — BITAUBÉ. *Observations sur la politique d'Aristote.* Aut. 1 p.
pl. in-4.— DAUNOU. Billet aut. sig. in-18. — AMAURY-DUVAL. L. aut.
sig. de ses initiales. 1 p. in-8, et lett. sig. 1 p. in-4.

6. **ACADEMIE DES INSCRIPTIONS** (membres de l').
EGGER. Demi-p. in-8. — GUIGNIAUT. 1 p. in-8. — JOMARD. 1 p.
in-18. — LAJARD (Félix). 1811. 2 p. in-fol. — LANGLÈS. 2 p. in-4. —
MAGNIN (Ch). 2 p. in-8. — Six lett. aut. sig.

7. **ACADEMIE DES INSCRIPTIONS** (membres de l').
MARBOIS. Demi-p. in-4. — MENTELLE. 1 p. in-4. — MERCIER.
Demi-p. in-8. — MILLIN (L.-A.). 1817. 1 p. in-4. — MOLLEVAUT. 1 p.
in-4.— PARDESSUS. In-18.— RÉMUSAT (Abel). 1 p. in-4. Sept lett. aut. sig.

8. **ACADEMIE DES INSCRIPTIONS** (membres de l').
REINAUD. L. aut. sig. 1 p. in-8. — ROCHETTE (Raoul). L. aut. sig.
1 p. in-8.— SÉGUIER. L. aut. sig. 1 p. in-8. — THUROT. Quit. aut. sig.
1806. 1 p. in-8.— VAN-PRAET. Pièce aut. sig. 1818. 1 page in-4. —
VISCONTI (E.-Q.). L. aut. sig. 1811. 1 p. in-12.

9. ACADÉMIE DES SCIENCES (membres de l').

ANDRÉOSSY (le général F.). — BERTHOLLET. — BORY-DE-SAINT-VINCENT. — BRONGNIART (Alex.). — CHEVREUL (E.). — DECAISNE (J.). — DELESSERT (Benjamin). — Sept lett. et billets aut. sig. in-12, in-8 et in-4.

10. ACADÉMIE DES SCIENCES (membres de l')

DESPRETZ. — FLEURIEU. — GAUDICHAUD. — ROSILY (l'amiral). — SÉGUIER (le baron). — SILVESTRE. — VALENCIENNES. — Sept lettres ou billets aut. sig. in-8, in-4, et in-fol.

11. ACADÉMIE DES SCIENCES MORALES ET POLITIQUES (membres de l').

ARGOUT (le comte d'). — BARTHE. — BIGNON (Ed.). — CHEVALIER (Michel). — COMTE (Ch.). — LAFERRIÈRE. — LEFEBVRE (Armand). — MICHELET. — ROSSI. 6 lig. aut. sig. — Neuf lett. ou bill. aut., et aut. sig.

12. ACADÉMIE DE SAINT-LUC (nouveaux règlements que présentent les directeurs, corps et communautés de l'), des arts, de peinture, sculpture, gravure, dorure, marbrerie, dessins lavés et coloriés sur toutes sortes de papiers, étoffes, toiles, canevas et autres choses sur lesquelles le pinceau peut et doit employer de la couleur, soit en huile ou en détrempe, dans l'étendue de la ville, faubourg et banlieue de Paris.

Projet de règlement présenté au roi et approuvé par lui. Manuscrit (copie du temps. 9 mars 1730. 25 gr. p. in-fol.

13. ACHARD (Frédéric), célèbre comique du théâtre du Palais-Royal. N. 1808. M. 1856.

L. aut. sig., à M. Donvé, bijoutier et auteur dramatique. Rouen, 24 août 1842. 1 p. pl. 1/2 in-4.

Lettre curieuse au sujet de la première représentation de *la Borne du Cabaret*, qui a réussi au Théâtre des Arts.

14. ACTEURS DE DIVERS THÉÂTRES DE PARIS.

ALEXANDRE (G.-J.-B.). Trois lett. aut. sig., à M. de Falkenstein, à Dresde. 1843. 3 p. in-8 et in-4. — ARNAULT (de la Gaîté), auteur des *Cosaques*. — AURIOL (du Cirque). Billet de bal signé. — BARBA (de la Cité, puis libraire). L. aut. sig., et signée par Merle, Brazier et Rougemont. — BERTHELIER (Bouffes Parisiens). — COSTE (Ambigu). — DELAISTRE (Gaîté). — FECHTER (Charles). — Ensemble, neuf lett. aut. sig., et une pièce sig.

15. ACTEURS DE DIVERS THÉÂTRES DE PARIS.

DE BÉGNIS (chanteur des Italiens). Billet aut. — LOCKROY, acteur et poëte dramatique. — HENJAUD (Horace). *Th. Lyrique.* — PROFETI (*Th. des Italiens*). — RAUCOURT (*Porte-St-Martin*). — TISSERANT (*Odéon*). — VALNAY (*Porte-Saint-Martin*). — VILLOT (Armand). Billet de bal sig. — VOLNYS (Charles Joly, dit). Ensemble, neuf lett. et billets sig., et aut. sig.

16. ACTEURS ANGLAIS. 9 lett. aut. sig. (en anglais).

AMHERST (John), et aut. dramat. L. sig. 1822. 2 p. in-4. Théâtrale. — ANDERSON, tragédien. 1 p. in-8. — BELLTOWN (Adam), 1825. 3 p. in-4. — DOWTON (J.-C.). 1840. 2 p. in-8. — DUNN (William). Th. de Drury Lane. 1 p. in-4. — FARRELL (J.). 1 p. in-8. — FORDE, 1792. 2 p. in-4. — HAINES, 1841, 1 p. in-8. — HOOPER, 1 p. in-8.

17. ACTEURS ANGLAIS. 8 lett. aut. sig. (en anglais).

DIDDENER, 1 p. in-8. — BARRYMORE (William), excellent acteur et mime. 1819, 1 p. in-fol. *Rare.* — COOPER (John), tragique. 1836, 1 p. in-4. — FARRELL (John). 1 p. in-4. — FARREN (Percy). 1 p. in-8. — HACKETT (James-Henry), célèbre acteur américain. 1845, 1 p. in-8.

Rare. — PITT (Georges-Dibdin), et aut. dramatique, **1** p. in-8. — TAYLOR (Charles). — LISTON (John), célèbre comique. Carte gravée signée, avec cachet.

18. ACTEURS ANGLAIS. 7 lett. aut. sig. (en anglais).

LISTON (John), célèbre comique. 1 p. in-12. — ROBERTSON (Henry), 1825, 2 p. in-8. — VINING (Frédérich), 1 p. in-8. — WATSON (B.). 1812, 2 p. in-8. — WEBSTER (Fréd.). 1 p. in 8. — WOODFALL 1831, 1 p. pl. in-4. — YOUNGER. 1819, 1 p. pl. in-4.

19. ACTEURS COMIQUES ANGLAIS. 8 lett. aut. sig. (en anglais).

CAGHLAM. 1829, 3 p. in-4. — HALL (Henry). 1842, 1 p. in-8. — HARLEY (J.-P), 1 p. in-8. — MALLINSON (J.). Lett. théâtrale. 1818. 1 p. in-4. — MEADOWS (Drinkwater), un des meilleurs comiques d'Angleterre, 1 p. in-4. — RUSSEL (S.-T.). Deux lett. 2 p. in-4. — WILKINSON. 1831, 1 p. in-8.

20. ACTRICES DE L'OPÉRA ET DES ITALIENS.

ANGRI (Mlle Eléna d'). L. aut. sig. (en italien), 1 p. in-8. — DAMOREAU-CINTI (Mme). L. aut. sig. 3 p. in-18. — DORUS GRAS (Mme). L. aut. sig. 1841, 1 p. in-12.

21. ACTRICES DE DIVERS THÉATRES DE PARIS. 8 lett. aut. sig.

ARMANDE-RESUCHE, Palais-Royal et Gymnase. — BADER (Caroline), Vaudeville et Variétés. — BRESSANT. Variétés. — CLARY, Vaudeville. L. aut. sig. *Tata*. — DUCLAY (Virginie), Variétés. — DUPUIS (Charlotte *Bordes*, femme), Palais-Royal. — FERNAND (Amélie *Hernandez*, dite), Odéon, etc. — GENOT (Elisa *Fay*, femme), sœur de Léontine Fay, 1842, Variétés, etc., etc.

22. ACTRICES DE DIVERS THÉATRES DE PARIS. 7 lett. aut. sig.

GRANIER (Irma), Vaudeville, etc. — GREVEDON (S.), femme du dessinateur. Gymnase. *Rare*. — JOLIVET (Céleste *Delinant*, dite), Variétés. — JULIEX (Sophie), chanteuse, à Londres, 1845. — SAUVAGE (Eugénie). Billet de bal, signé. — SCHWANECK (Céleste), Variétés, etc. — VALORY (Amélie), Renaissance, etc. — VOLNYS (Léontine *Fay*, dame), Gymnase.

23. ACTRICES ANGLAISES. (Tragédiennes, comédiennes et cantatrices). 14 lett. et pièces aut., et aut. sig. (en anglais).

CLIFFORD (Mme W.), excellente duègne. 1 p. in-8. — GRADDON (Mlle), cantatrice, 1826, 1 p. in-8. — Et un programme de spectacle (imprimé), 13 juin 1825, 2 p. in-8. — MATTOCKS (Mme), ancienne et célèbre actrice, 1823. *Rare*. — ORGER (Mme M.-A.), charmante soubrette, 1819. 1 p. in-4. — POOLE (Mlle Elisabeth), la Léontine Fay d'Angleterre, 1845. 1 p. in-8. — SHAW (Mlle Mary), cantatrice. 2 lignes aut. sig. et son portrait gravé sur bois, in-18. — SINCLAIR (Catherine), femme de l'acteur américain *Edwin Forrest*, divorcée pour cause d'adultère en 1850. 3. p. in-8. — SYNEY (Emma *Stubbo*, dite), 1831. 1 p. in-8. — WAYLETT (Mme), charmante actrice. 1 p. in-8. — WYNDHAM (Fanny), 1839. 2 p. in-8. — HAIZINGER (Amélie *Neumann*, en secondes noces, femme), première chanteuse et comédienne. 1 p. in-18.

24. ALBERGATI CAPACELLI (le marquis François), littérateur, auteur dramatique,   N 1728, M. 1804.

L. aut. sig. (en italien), à son ami... Bologne, 29 août 1784. 1 p. et demie in-4.

25. **ALBERT,** (Ferd.-Albert *Decombe* dit,) premier danseur de l'Opéra.　　　　　　　　　　　　　Né en 1789.
L. aut. sig., à M... Paris, 22 déc. 1830. 2 gr. p. in-4.

26. **ALBONI** (Marietta), Comtesse de Pepoli, admirable contralto.　　　　　　　　　　　　　Née en 1826.
Trois lignes aut. sig. (en italien), au bas d'une demande de M. Falkenstein, 1 p. in-8, plus une signature séparée.

27. **ALBY** (Ernest), littérateur.
Annales du Parlement.—*Les trois loups-garroux,* article publié dans le journal l'*Époque,* en 1845. 76 pages in-4 aut. sig., et six pages imprimées avec des corrections.

28. **ALCALA GALIANO** (Antonio), orateur espagnol.
L. aut., sig., à M. Depping. St-Germain. 2 oct. 1842. 1 p. pl. in-4.

29. **ALIÉNATION DU DOMAINE ROYAL DE FRANCE.**
1º Ordonnance du roi qui établit que l'aliénation du domaine royal ne peut se faire qu'au Parlement, et avec le procureur général. 26 janvier 1341. Copie ancienne officielle, 3 gr. p. pl. et quart in-fol.

2º Récolation du roi Louis XI, à son avénement, de tous les dons et aliénations du domaine de la couronne de France. 1461. Copie ancienne. 1 p. in-fol.

3º Récolation faite par le roi Charles VIII à son avènement, de tous les dons, aliénations de domaines et de droits, de nominations aux offices faites par le roi Louis XI, son père. 27 déc. 1484. Copie ancienne. 2 gr. p. pl. in-fol.

4º Extrait des lettres patentes et contrats par lesquelz a esté faict vente et délais à aulcuns seigneurs et dames de ce royaume.. des terres et seigneuries qui en suivent... de 1528 à 1576. Manuscrit du temps, 62 p. pl. in-4. (Taches d'humidité).
A Mme de Ferrare : *Chartres, Montargis, Gisors.* — A la même : *Caen, Bayeux, Falaise.* — A Mme de Nemours : *Nemours, Châteaulandon, Pont-sur-Seine* et *Nogent.*—A la même : *Saumur, Provins* et *Dourdan* — A M. de Guise, *Issoudun : Vierzon* et *Chinon.*—A. M. de Liencourt, le comté de *Beaumont.*—A M. d'Allincourt, terre, seigneurie et châtellenie de *Pontoise.* —A M. de Vitry, châtellenie et seigneurie de *Boisçonnais.*—Au même : *Meaux.* — A M. de Rambouillet, baronnie de *Château du Loir.* — A Mme de Clermont d'Antragues, châtellenie, terre et seigneurie de *Jerviller* (en Beauce).— Au marquis de Prizavy, la châtellenie et seigneurie de *Calmont.*—Au maréchal de la Chastre, la châtellenie de *Beaugency.* — A M. de Chenevault, la chatellenie, terre et seigneurie de *Cuizay, Usson* et *Melle.* — A Mme de Châtillon : *Chateauregnaud.*—A M. Desbarreaux : *Châteauneuf-sur-Coyre.*— A Mme d'Angoulème : *Estampes, Coucy Follambray, Montlusson, Haisson, Bourbon-Verneuil,* pays haut et bas *Sauvigny, Aynay, Angoulême* et comté de *Ponthieu.* —A Mme de Longueville, le comté de *Chaumont* et *Maigny.* — A M. de Bassompierre : *Saint-Sauveur, Quandelin* et *Saint-Sauveur-le-Vicomte.* — A M. de Pucharry, la vicomté de *Domfront.*—A Mme de Joyeuse, la vicomté d'*Alençon* en Cottentin.— A la même : *Argentan.*—A la même : *Luzarches.* — A la même : *Saint-Silvain.*— A Mme de Saulgeon : *Saulgeon* et *Riberoux.* -- A M. de Sancy : *Dourdan.* — A M. de Lagrange-le-Roy : *Melun.* — A M. de Montigny, les eaux et forêts de *Romorentin.* — A M. Bernarge : d'*Ymon* et *Armeau.*— A M. de Piene : *Plœrmer, Vannes, Luray, Quebron, Hainbront, Nausland, Chaulin-en-Cornouailles, Dinan, Jugeon, Lannyon, Herfau, Brest, Saint-Renan, Morlaix* et *Lannier.* — A M. Matignon : *Carentan.* — A M. le comte de Saint-Paul : *Chateau-Thierry.* — A Mme la marquise de Noirmoutier : *la Ferté-Milon.* — A M. de la Chaume : *Artus-le-comte,* les baronnies de *Naneras* en Champagne. — A M. de Vendôme : *Vendôme* et *Etampes.* — Aux syndics et consuls de la ville de Montcabrier. — A M. le comte de Soissons, **au**

lieu de feu Mme la princesse de Condé, la châtellenie de *Baugé*. — A damoiselle Catherine de Rochefort, veuve de feu Jean Cattin Tinant sieur de Plotard, la châtellenie de *Belleperche*, pays de Bourbonnais, bailliage de Saint-Pierre-le-Moustier. — A M. le comte de Laval, la nomination aux offices royaux de la ville et comté de *Laval*. — A M. de Blairancourt : *Ponteaudemer* et *Pontautou*. — A Mme la comtesse de Moret, au lieu de M. de Béthune, le comté de *Mausfe*, la châtellenie, terre et seigneurie de *Moret*.
Très-intéressant dossier historique.

30. ALOPEUS, ministre de Russie à Berlin.
   L. aut. sig., au prince Kozloffski. Berlin, 24 juillet - 5 août 1820. 2 gr. p. in-4.
   Remerciements pour les pièces politiques dont il lui a donné communication.

31. AMIRAUX, MARECHAUX, GENERAUX.
   BAUDIN (Charles). 2 lett. aut. sig. 4. p. in-4. — MACDONALD L. aut. sig. 1 p. in-4. — BUGEAUD. L. sig. — BEURNONVILLE. L. aut. sig. 2 p. in-4. — SÉRURIER. L. aut. sig. 1 p. in-4. — BERTRAND. Billet aut. sig. — HARISPE. Pièce sig. — CUBIÈRES. L. aut. sig. 1 p. in-4. — VALHUBERT. Pièce sig. in-18.

32. ANCILLON (Frédéric), pasteur protestant, ministre des affaires étrangères de Prusse.   N. 1766. M. 1837.
   L. aut. sig., au prince Kozloffski. 1 p. in-8.
   BREXIER (le baron Anatole), ancien ministre de France à Naples.
   L. aut. sig., au prince Kozloffski. 2 p. in-8.

33. ANGOULEME (le duc d'), à *Grenoble* en 1814.
   L. aut. sig. de M. Constantin de Chanay, datée de Grenoble, le mardi soir, 18 octobre 1814, adressée au rédacteur de la Quotidienne. 2 gr. p. pl. in-4.
   Relation très-circonstanciée des faits qui se sont passés à Grenoble pendant le séjour du duc d'Angoulème. Enthousiasme universel de toutes les classes de la population pendant ses visites à la cathédrale, au polygone, à la bibliothèque, au musée, à l'hôpital, au spectacle, au bal qui l'a suivi... « Il a ouï la messe en
« prince chrétien. Après le Credo, l'évêque a béni le drapeau présenté par le
« colonel du régiment, et S. A. R. étant sortie de l'église, l'a pris des mains
« du colonel pour le présenter au corps. S. A. R. a dit à peu près : *Vous jurez*
« *de ne jamais l'abandonner, de combattre fidèlement pour le roi, pour la patrie,*
« *pour le maintien de l'honneur de votre corps.* Le régiment a fait le serment :
« les soldats ont répété nous le jurons, et les cris de Vive le Roi, ont long-
« temps répondu au serment des guerriers. S. A. R. est revenue au palais par
« le chemin, recueillant les tribus d'amour et de satisfaction de tous... » Après
le dîner, S. A. R. s'est rendue au spectacle. « ......C'est là que s'est passé une
« scène dont on ne peut trouver qu'en France et le modèle et l'imitation : aus-
« sitôt que le prince a paru, les plus vifs applaudissements ont redoublé : des
« couplets ont été adressés à S. A. R. ; ils ont paru exprimer les plus doux, les
« plus sincères sentiments ; l'émotion, l'attendrissement du prince étaient vi-
« sibles : les cris acquéraient sans cesse quelques degrés de plus de force, enfin
« il n'a plus été le maître de garder le silence et d'une voix élevée mais at-
« tendrie, il a dit ces mots remarquables : après avoir entendu l'air où peut-on être
« mieux....) : *Oui certes, bons et aimables Français, vous me faites sentir que*
« *l'on ne peut être heureux qu'au milieu de sa famille.* A ces mots prononcés avec
« énergie et une bonté divines toutes les têtes, tous les cœurs ont été à lui. Il
« a tout conquis, tout attiré à lui. Les plus froids ont fait retentir la salle du
« cri français, tous les chapeaux, tous les mouchoirs étaient en l'air...

34. ANTONIO IL DIAVOLO (Antoine le Diable), célèbre voltigeur sur la corde lâche : Il eût de grands succès à Londres, puis à Paris en 1829.
   L. aut. sig. (en italien), à M. Elliston, au théâtre de Birmingham. 27 juillet 1818. 1 gr. p. pl. in-4.

35. ARAGO (François), astronome et mathématicien.
   L. aut. sig., à M... Paris, 21 décembre 1840. 1 p. in-8.

ARAGO (Emmanuel). Légalisation de passeport aut. sig., comme ministre de France à Berlin. 3 décembre 1848.

ARAGO (Jacques), voyageur. L. aut. sig. (au crayon, étant aveugle), à Mme Eugénie Niboyet. 2 p. in-4.

36. ARCHEVEQUES ET EVEQUES DE FRANCE.

Angers (Charles Montault). 1809. 2 p. in-4.—*Ajaccio* (H.-T.-Raphaël). 1844. 2 p. in-4. — *Icone* (Jean-Baptiste d'Auvergne). 1833. 2 p. in-4., avec une note aut. sur l'évêché d'Icone. 1 p. in-4. — *Beauvais* (Jean-Louis-Simon Lemercier). 1 p. in-4. — *Besançon* (Louis-Guillaume-Valentin Dubourg). 1833. 1 p. in-8. — *Châlons* (M.-J.). 1828. 2 p. in-4. — *Dijon* (Claude Rey). 1835. 3 p. in-4, avec la biographie (par un solitaire), imprimée, in-18. — *Gap* (Louis Rossat). 1841. 2 p. in-4. — *Maroc* (N.-S. Guillon). L. aut. demi-page in-8. — *La Rochelle* (Jean-François Demandolx). 1 p. in-8. — *Tours* (Louis-Mathias-Joseph de Barral). 1805. 3 p. in-4. — Ensemble, 10 lett. aut. sig., et 1 aut.

37. ARCHEVEQUES ET EVEQUES DE FRANCE.

Meaux (Romain-Frédéric Gallard). 1833. 2 p. in-4. — *Meaux* (Auguste Allou). 1845. 3 p. in-4. — *Montpellier* (J.-L. Sim. Rollet). 1816. 1 p. in-4. — *Nancy* (A.-L.-H.). 1814. 1 p. in-8. cachet. — *Nancy* (Antoine-Eustache d'Osmond). 1821. 2 p. in-4. — *Rheims* (Thomas Gousset). 1841. 2 p. in-4, avec sa Biographie (par un solitaire), in-18. Portr. — *Senez* (J.-B.-Marie-Scipion de Roux de Bonneval). 1804. 1 p. in-4. — *Strasbourg* (Jean-François-Marie Lepage de Trévern). 1835. 1 gr. p. pl. in-4. — *Troyes* (Louis-Appollinaire de La Tour du Pin Montauban), d'abord archevêque d'*Auch*. 2 p. et demie in-4. — *Toulouse* (François V. de Boret). 1823. 2 p. et demie in-4. — *Versailles* (Et.-J.-Fr. Borderies). 1831. 1 p. in-4. *Versailles* (Jean-Nicaise Gros). 1850. 2 p. in-8. Ensemble, 12 lett. aut. sig.

38. ARCHITECTES FRANÇAIS, six pièces.

BLOUET. L. aut. sig. 1 p. in-8. — BRÉBION. 2 pièces sig. 2 p. in-4. — FONTAINE. L. aut. sig. 1 p. in-4. — GUÉNEPIN. L. aut. sig. 1 p. in-18. — HEURTIER. Pièce sig. 1791. 1 p. in-4.

39. ARCHITECTES FRANÇAIS. Cinq pièces.

LEBAS. L. aut. sig. 1 p. in-8. — LELONG (Paul). L. aut. sig. 1 p. et demie in-8. — PEYRE. Pièce aut. sig. 1790. 1 p. in-4. — MOITTE. L. sig., an VII. 1 p. et demie in-4. — VAUDOYER. L. aut. sig. 1 p. in-8.

40. ARCHITECTES FRANÇAIS. 4 pièces.

CHALGRIN. L. aut, sig. 1786, 1 p. in-4. — HUVÉ. 1 p. in-4. — RONDELET. Pièce aut. sig. an X. 1 p. 1/2 in-fol. — VISCONTI. L. aut. sig. 1 p. in-8.

41. ARMAND (Mlle Marie-Amable), chanteuse de l'Opéra et du théâtre Feydeau, elle chanta la *Marseillaise* en 1793.   N. 1774. M. 1846.

L. aut. sig., à M. Pons. Paris, sans date. 1 p. pl. in-8 en travers.
Elle a écrit à M. Camérani. Il lui a fait dire qu'elle écrive encore une lettre à l'administration pour les presser davantage.... « ... Ils veulent jouer aux fins « avec nous. Je crois qu'ils veulent gagner du tems pour que je débute sans « leur permission, et que par là ils se dispensent de me payer ce qu'ils me « doivent..... »

42. ARNAL (Etienne), excellent comédien et poëte. N. 1794.

1° L. aut. sig., à M. Ballard. Montpellier, 23 août 1842. 1 p. pl. et quart in-8.
Il ne peut se rendre de suite à Paris, parce qu'il serait obligé de payer un dédit. Ce qu'il se propose de faire contre Trubert en arrivant.
2° Trente-une quittances aut. sig. de ses feux (20 fr. par pièce), du 1er au 31 octobre 1840. In-8.

43. ARNIM (Mme Bettina), auteur.

L. aut. sig., à Mme Eugénie Niboyet. Berlin, 20 juin 1847. 1 p. et demie in-8.

BRADI (la comtesse de), romancière. L. aut. sig., à M. le marquis de Custines. 1843. 4 p. pl. in-8.

Appréciation de succès littéraires, comparaison de Voltaire, etc.

44. ARTISTES DRAMATIQUES FRANCAIS.

ARNAL. L. aut. sig. 1851. 1 p. in-8. — BOCAGE. Billet de théâtre sig. — BROHAN (Mme Augustine). L. aut. sig. 1850. 1 p. pl. in-8. Jolie lettre. Intéressante. — MOLÉ. L. aut. sig. 1785. 1 p. pl. in-8. Intéressante.

45. ASSAS (le chevalier d').

« Lettres qui, créant en faveur du baron d'Assas, ci-devant capitaine « au régiment d'Auvergne, de ses deux fils et de leur postérité, une « pension perpétuelle et héréditaire de 1,000 livres, règlent l'ordre de « la succession à cette pension. » Copie-minute. On lit à la marge, d'une autre écriture. « 8 octobre 1777. Registrées le 21 mars 1778. » 4 gr. p. pl. in-fol., d'une très-belle écriture. Intéressante pièce historique. Elle commence ainsi :

« Louis, par la grâce de Dieu, roi de France et de Navarre, à tous présents et « à venir, salut : De toutes les grandes actions que l'histoire a immortalisées, « aucune n'est au-dessus de l'héroïsme avec lequel le sieur Louis, chevalier « d'Assas, capitaine de chasseurs au régiment d'Auvergne, s'est dévoué à la mort. « La nuit du 15 au 16 octobre 1760, le prince héréditaire de Brunswick voulut « surprendre à Clostercamp, près de Vesel, un corps de l'armée françoise, « commandée par le marquis de Castries. Le chevalier d'Assas, en marchant à « la découverte pendant l'obscurité, tombe dans une embuscade ennemie. En- « vironné de bayonnettes prêtes à le percer, il peut acheter sa vie par son silence : « mais l'armée va périr si elle ignore le danger qui la menace. Il crie à haute « voix : A MOI AUVERGNE, VOILA LES ENNEMIS, et dans l'instant il expire percé « de coups. Si cette mort glorieuse l'a dérobé à notre reconnaissance, nous « pouvons du moins en faire éprouver les effets à son frère, le sieur François, « baron d'Assas, ancien capitaine dans le régiment d'Auvergne, ainsi qu'aux « deux fils de celui-ci..... » Suivent les titres d'ancienneté de sa noblesse qui date du XIIe siècle, et les actions militaires de ses ancêtres, etc.

46. ASTLEY (John), fils de Philippe Astley, et son associé dans la direction du Cirque.   N. 1761. M. 1821.

L. aut. sig. (en anglais), à M. Turner. Londres, 21 août 1811. Demi-page in-4. (Remontée.) *Rare.*

Il le prévient que sa troupe d'hiver est au grand complet.

47. ASTROS (d'), évêque de Bayonne, puis archevêque de Toulouse, rédacteur du Catéchisme de l'Empire.

L. aut. sig., au préfet de la Seine. Paris, 15 oct. 1809. 3 p. in-4.

Au sujet du traitement des prêtres et vicaires du diocèse de Paris.

48. ATTIRET (le révérend Père J.-D.), jésuite, peintre de la cour de Pékin.

L. aut. sig., à M. Dassant, à Dôle. Hay-Tien (Chine), 28 novembre 1753. 2 p. pl. petit in-fol.

Détails sur différents sujets. Il lui a écrit au commencement de ce mois une lettre assez ample sur l'état déplorable de leur mission ; il ne manquera pas l'an prochain de lui apprendre les suites bonnes ou mauvaises. Espèce de thé qu'il lui envoie ; manière de le préparer.

49. AUCKLAND (lord), gouverneur des Indes Orientales.

Fin de lett. aut. sig. (en anglais), adressée à Mme Herbert, mère de lady Vincent. 1 page pleine in-4.

50. AUDE (le chevalier Joseph), auteur dramatique.

Traité aut. sig., de la cession au citoyen Fages, libraire du Vaudeville, de sa composition, intitulée : *Cadet-Roussel aux Champs-Elysées, ou la Colère d'Agamemnon*..... Paris, 3 germinal an IX. 1 p. in-4.

51 AUTEURS DRAMATIQUES FRANÇAIS. 9 let..aut. si[g
ALBOIZE.— ALIZAN DE CHAZET. — ANCELOT. — ANCELOT (Mme Vi
ginie). — ANDRIEUX. — ARLINCOURT. (le vicomte d'). — AVENEL (Pau
2 lett. — BANVILLE (Théodore de).

52. AUTEURS DRAMATIQUES FRANÇAIS. 10 lett. a.
BAYARD. — BEAUPLAN (Arthur de). — BOURGEOIS (Eugène). — BR
FAUT (Eugène). — BRUNSWICK. — CHALONS D'ARGÉ. — CLAIRVILLE.
DE FORGES (A.). — D'ENNERY. — DESNOYERS (Ch.).

53. AUTEURS DRAMATIQUES FRANÇAIS. 10 lett. a.
DUMANOIR. — DUMERSAN. — DUPIN (Henri). — FIORENTINO. — GAI
LARDET (Frédéric), auteur (avec Dumas) de la *Tour de Nesle. Rare.*
HALÉVY (Léon). — LAMBERT THIBOUST. — LAURENCIN. — LAYA (Léon
— LECOMTE (Jules).

54. AUTEURS DRAMATIQUES FRANÇAIS. 11 lett. a.
LEMOINE (Édouard). — LESGUILLON. — MICHEL (Marc). — PLANARI
Quittance aut. sig. — POIRSON (Delestre). — PROMARAY (Jules de).
ROGER DE BEAUVOIR. — ROMAND (Hippolyte). — ROMIEU. — SIRAUD
(Paul). — VALZ (G.). — VIARDOT (Louis). Adresse aut. sig.

**55. AUTEURS DRAMATIQUES, LITTERATEURS AN
GLAIS.** 11 lettres aut. sig. (en anglais).
BALL (William). 1849. 3 p. in-18. — COOTE (J.). 1777. 1 p. in-4.—
DIBDIN (Thomas). 1838. 1 p. in-18. *Rare,* plus, *fac-simile,* et portra
gravé sur bois in-4. — MACFARREN (George). 1826. 1 p. in-4. — OULTO
(W.-C.). 1817. 1 p. in-4., plus une quittance sig. — PEAKE (R.-B.
1832. 1 p. in-18. — REYNOLDS (John Hamilton). 1 p. in-4. — REYNOLD
(Frédéric). Quittance aut. sig. de 100 livres, comme payement en parti
de sa pièce *le Testament.* 1797. — MILLER (John). 2 lett. 1825. in-
et in-4. — CRAWFORD (Mme Louise). 2 p. in-4.

56. AVOCATS, JURISCONSULTES FRANCAIS.
MAUGUIN. L. aut. sig. 1 p. in-8. — PAILLET. 2 lett. aut. sig. 2 p
in-8. — PORTALIS (Auguste). Ordonnance aut. sig. 1829. 1 p. in-4.—
SCHONEN (de). L. aut. sig. 2 p. in-8, et lett. avec 4 lig. aut. sig. 1 p
in-4. — TRIPIER. 2 lett. aut. sig. 3 p. in-8.

57. BACH (Charles-Philippe-Emmanuel), célèbre compositeur. N. 1714. M. 1788
L. a. s. (en allemand). 1772. 1 gr. p. pl. in-4. Très-belle lettre. *Rare*

58. BAGREEFF-SPERANSKI (Mme), femme de lettre
russe, auteur d'un *Voyage à Jérusalem.*
L. aut. sig., à madame... Genève, 24 juillet 1846. 3 p. in-8. Cachet. Curieuse.

59. BAILLIE (Miss Jeanne), célèbre poëte anglaise.
Deux lett. aut. sig. (en anglais). 2 p. in-18 et 1 p. in-8.

60. BALOCHI (Jean-Louis), poëte du Théâtre-Italien.
Trois belles et intéressantes lettres (en italien). aut. et aut. sig.
adressées à Benelli, à Londres. Paris, 1820 et 1821. 3 gr. p. pl. in-4.

61. BALZAC (Honoré de), célèbre littérateur.
1° L. aut. sig., à M..., 30 mars 1842. 1 p. pl. et demie in-8.
Avant que Sophie ne lui écrivit un mot relativement à son désir, il avait
l'intention de lui offrir le manuscrit de « LES RESSOURCES DE QUINOLA, qui est
« bien un manuscrit de famille, car il n'y a que les deux derniers actes de
« moi, le prologue et le premier acte ont été copiés par ma nièce, le deuxième
« par ma sœur et le troisième par ma mère, mais ils sont tous étayés de mes
« corrections faites durant les répétitions. »
2° LES RESSOURCES DE QUINOLA, comédie en cinq actes, manuscrit original décrit dans la lettre qui précède, 134 p. pl. in-4.

62. **BANDETTINI** (Mlle Thérèse), célèbre improvisatrice; avait été danseuse à Florence.   N. 1754. M. 1837.

L. aut. sig. (en italien), à M. Scrofani, à Paris, 24 mars... 1 gr. p. in-4. Cachet.
Charmante lettre, toute littéraire.

63. **BANTISCH-KAMENSKI**, historien russe.

L. aut. sig., au prince Kozloffzki, février 1837. 2 p. pl. in-4.
Le général lui remettra un exemplaire de « biographies composées par moi et « écorchées par la censure. Ce qu'il y avait de plus intéressant a été omis par « elle; le style même, dans plusieurs endroits, a été mutilé..., etc., etc.»

64. **BARBAJA**, célèbre impressario italien, dit le *Bourru bienfaisant*, directeur du théâtre San-Carlo, à Naples.

L. sig. (en italien), à M. Benelli, à Paris. Naples, 20 mars 1819. 3 gr. p. pl. in-4. Lettre théâtrale.
BASSI (Nicolas), célèbre chanteur bouffe.   N. 1767. M. 1825.
L. aut. sig. (en italien), 1 p. et demie in-4.
Charmante lettre d'amour.

65. **BABOLINUS** (L.-Nicolaus).

Pièce aut. sig. (en latin). 28 mars 1585. 1 p. petit in-4.

66. **BARILLI**, excellent chanteur italien. N. 1761. M. 1824.

1° L. aut. sig. (en italien), à M. Benelli, à Londres. Paris, 21 déc. 1822. 3 gr. p. pl. in-4.
2° L. aut. (en italien), au même. Paris, 25 nov. 1822. 2 gr. p. in-4.
Ces deux lettres sont théâtrales et intéressantes.

67. **BARREME** (auteur des *Comptes faits*, dits de).

Les tarifs parfaits du sieur Barrême pour les écus à 6 livres, les louis à 36 livres, etc. Paris, 1710, in-12 br. (taches de mouillure), édition originale, avec la signature aut. sur le titre, et beaucoup de chiffres écrits dans le texte.

68. **BARTHELEMY** et **MERY**, auteurs de la *Némésis*.

BARTHÉLEMY. L. aut. sig. 2 p. pl. in-8. Curieuse.
MÉRY. L. aut. sig. mercredi soir, 1 p. in-8.

69. **BARTHELEMY** (Mlle *Elian*), charmante chanteuse de l'Opéra, en 1838, sous le nom d'*Elian*.

L. aut. sig., à M. Duponchel. 20 mars 1840. 2 p. in-12. Curieuse.

70. **BAUDIUS** (Charles-Frédéric), excellent acteur comique allemand.   N. 1796.

L. aut. sig. (en allemand), à M. Kreite, à Dresde. Leipzig, 7 juillet 1841. 2 p. in-8. Cachet.
BURMEISTER, excellent acteur allemand.
L. aut. sig. (en allemand), à M. Julius Mosen, à Dresde. 11 février 1840. 1 gr. p. in-4.

71. **BELGIOJOSO** (Mme la princesse Trivulce de).

L. aut. sig., à Mme la comtesse Guidoboni Visconti. Paris, 25 mars 1844. 2 p. in-8.
LIEVEN (Mme la princesse de). L. aut. sig. 1 p. in-8.

72. **BELLINI**, compositeur, auteur de la *Norma*, etc.

L. aut. sig. (en italien). Paris, 1834. 1 p. pl. petit in-18.

73. **BERANGER**, notre poète national.

L. aut. sig., à M. Vaillant de Bucharge. Passy, 5 sept. 1848. 2 p. petit in-18.
Il n'est ni un sage ni même un poète: « Je ne suis qu'un pauvre vieux chan- « sonnier, fort ami des pèlerins, surtout quand ils arrivent de l'Orient, dussent- « ils avoir contracté le langage hyperbolique de l'éloge... »

74. **BERG** (Mlle Francesce), charmante comédienne de Dresde.
L. aut. sig. (en allem.), à M... Dresde. 13 août 1844. 1 p. in-8. Cachet.

75. **BERNIER,** membre du Conseil supérieur des armées catholiques et royales de la Vendée, puis évêque d'Orléans.
L. aut. sig., à M. l'abbé Guillon. Paris, 11 janvier 1802, 1 p. in-8.
BEAUREGARD (Jean XIV Brumauld de), évêque d'Orléans. L. aut. sig., à Mme Bernardin, directrice à la maison de Marie-Thérèse. Orléans, 27 avril 1839, 1 p. in-4. Cachet.
BELMAS (Louis), archevêque de Cambrai, mort doyen des évêques de France. L. aut. sig. 5 oct. 1815. 1 p. in-4. Sa biographie (par un solitaire), in-18.

76. **BEWICK** (Thomas), célèbre graveur anglais, et l'un des plus anciens sur bois.				M. 1828.
L. aut. sig. (en anglais), à Thomas Uwins., esq^r, à Londres. Newcastle, 3 février 1819. 1 gr. p. pl. in-4. — Beau portrait gravé in-4.
Belle lettre relative à ses ouvrages. Rare, ainsi que le portrait.

77. **BETTY** (Henry-J.), excellent tragique anglais. N. 1849.
L. aut. sig. (en anglais), à M... 19 février 1830. 1 p. 1/2 in-4.

78. **BIGOTTINI** (Mlle Emilie), célèbre danseuse de l'Opéra.
L. aut. sig., au docteur Louis. 24 avril. 1. p. pl. in-4.

79. **BISHOP** (sir Henry-Rowley), le premier compositeur anglais de son époque.				N. 1780. M. 1855.
L. aut. sig. (en anglais), à M... Albion Street, 18 avril 1838. 3 p. pl. in-8. Jolie lettre.

80. **BISSY** (Henri de *Thiard*), cardinal, évêque de Meaux, auteur d'un *Traité théologique sur la constitution Unigenitus.*				N. 1657. M. 1737.
L. aut. sig., à M... mercredi, 26 mai... 1 p. et demie in-4.

81. **BLANCHE-MARIE, DE MILAN.**
Pièce signée en son nom, *Johannes,* datée du 20 novembre 1466. p. in-fol. en travers, avec sceau. Quelques piqûres de vers. Rare.

82. **BLIN DE BOURDON** (le vicomte), l'un des cinq députés dits *Flétris.*
L. aut. sig., comme maire d'Amiens. Paris, 22 février 1817. 1 p. in-4.
CONSTANT DE REBECQUE (Benjamin), député, publiciste.
Trois lett. aut. sig. Ensemble, 6 p. et demie in-8 et in-4.
NANTOUILLET (le Cte de). L. aut. sig., au duc de Maillé. Paris, 24 déc. 1820. 1 p. pl. in-4. Curieuse.

83. **BLONDOF,** homme d'État russe, ministre de l'intérieur sous l'empereur Nicolas.
L. aut. sig., au prince Kozloffski. 1836. 1 p. in-8.
BERSTEDT (le baron de), ministre du grand-duc de Bade. L. aut. sig., au prince Kozloffski. Carlsruhe, 29 décembre 1820. 1. pl. in-4.

84. **BONAPARTE,** premier Consul.
Brevet sig. *Bonaparte,* et contresigné *Hugues Maret* et *Alex. Berthier,* qui accorde une pension de *Cent francs* à Jeanne-Françoise Mauvesin, veuve de Dominique *Barrère,* volontaire au 6e bataillon de la Haute-Garonne, etc. Paris, 3 floréal an X. Belle pièce sur parchemin, gr. in-fol., avec sceau, et la vignette de Prud'hon, gravée par Roger. Portrait anglais, gravé sur bois, in-4.

85. **BORDOGNI** (Marco), chanteur italien, professeur au Conservatoire de musique.				M. 1856.
1° L. aut. sig. (en italien). Paris, 21 juillet 1841. 1 p. in-8.

2° Quittance de 80 fr. pour 3 leçons et pour 2 livres de solféges. Paris. 11 juin 1842, in-18.

86. BOSIO (le baron), célèbre sculpteur.

L. aut. sig., à M. Souplet. Paris, 2 déc. 1814. 1 p. in-8.
Est-il toujours dans l'intention d'avoir un buste de Louis XVIII?
BONDY (le comte de), préfet de la Seine. L. aut. sig., au même. Lyon, 8 sept. 1814, 1 p. in-4. Sur le même sujet.

87. BOUCHOTTE, ministre de la guerre.

L. sig., au général Custine. Paris, 6 juin 1793. 1 gr. p. pl. et 1/4 in-fol.
La Convention nationale ayant décrété qu'il serait formé onze armées pour la défense des frontières continentales et maritimes de la République, le Comité de salut public a présenté à la Convention nationale la liste des onze états-majors qu'elle a approuvés... Il s'empresse en conséquence de lui envoyer ses lettres de service pour commander provisoirement en chef l'armée du Nord et des Ardennes... Le Conseil compte trop sur son civisme et sur son dévouement aux intérêts de la Patrie pour n'être pas assuré qu'il continuera avec le même zèle à s'employer à la défense de la partie qui lui est confiée...
LAURENT, conventionnel. L. sig., à André Dumont. Maubeuge, 4 germinal an II. 1 p. in-4.
Au sujet d'Evrard qui est détenu.
CHAMPCENETZ. Ampliation d'une délibération du Comité de législation, qui raye de la liste des émigrés le citoyen Champcenetz. 2 p. in-fol.

88. BOUFFLERS (le marquis Stanislas-J. de), littérateur, poëte, membre de l'Acad. française. N. 1737. M, 1815.

Fragment aut. d'une ode pour célébrer le retour et la restauration de Louis XVIII. 1 gr. p. et demie in-fol. Port. in-8. Docum. impr.

89. BOUILLY, auteur dramatique, auteur des *Contes à ma fille, Contes aux enfants de France,* etc.

L. aut. sig. (à M. Clément de la Roncière). Paris, 28 germinal an III. 4 gr. p. pl. in-4. Très-belle lettre.
Nouvelles intéressantes de sa famille. Dîner où on a bu à sa santé. Son âme s'épanouit bien souvent, sans doute, aux bonnes nouvelles qui lui parviennent chaque jour. « Le saint douze germinal a dû répandre bien des consolations « dans ton cœur, et l'aurore de la paix générale, qui commence à percer le « nuage épais du terrorisme, doit te faire autant de plaisir que le neuf ther- « midor. J'ai eu le bonheur de contribuer à cette grande journée par une garde « de 52 heures que j'ai faite avec ma section pour défendre l'arsenal de la section « des Quinze-Vingts qui, comme tu l'auras appris, avait été entièrement égaré. « Il n'y a pas eu le moindre accident dans notre quartier, tout se réunit franche- « ment au faisceau commun. Nous avons cependant un animal féroce qu'on « vient de déchaîner et qui fait beaucoup de ravage. Les prêtres réfractaires, « en un mot, font un vacarme d'enfer. Dans mon île surtout, qui sent sa pro- « vince à pleines narines, il y a déjà bien des ménages désunis, bien des « mariages républicains annulés, des enfants rebaptisés pour n'être pas regardés « bastards. Ces scélérats-là ne laissent pas échapper une seule circonstance « pour semer le trouble et la division ; mais ils rentreront bientôt dans le néant « d'où l'on n'eût pas dû les laisser sortir avant la paix générale. MM. les roya- « listes se mettent aussi de la partie et marquent déjà leurs victimes, en se « déclarant les amis de l'humanité. Heureusement il exi-te au Comité de salut « public des *Syès* et autres, qui prouveront à ces monstres affamés de vengeance « que si la Convention abhorre les buveurs de sang, elle hait encore plus les « ennemis masqués de la République. »
... Il paraît que les animosités personnelles jouent leur rôle à Tours, et que l'on se fait un jeu d'y confondre l'ami sincère de la liberté avec l'exécrable terrorisme. « Texier, Le Roux, Aubert, Aubineau, mon beau-père, ont été « affichés comme buveurs de sang ; moi même j'en ai eu ma dose ; on m'a mis » sur la même liste, quoiqu'obscur ; mais il est flatteur, selon moi, d'être mis » au rang de pareils proscrits. Les méchants ont beau faire ; ils n'arracheront » jamais de mon cœur cette vérité qui m'appartient, et que je me dis sans » cesse que sans moi mon pays eût été en proie aux assassinats de la guillotine, » et que plus de 80 accusés me doivent la vie... »
..., Plantade est venu lui faire entendre l'autre jour les premiers morceaux

de l'ouvrage qn'ils font ensemble. Il y a trouvé un talent décidé. C'eût été **u**
vrai dommage qu'un pareil sujet ne s'élançât pas à tout l'essor de son génie, etc

90. BOURBOTTE et PRIEUR (de la *Marne*).

Représentants du peuple, délégués par la Convention nationale prè
les armées des côtes de Brest et de l'Ouest réunis, ils nomment le ci
toyen Delage général de brigade. Pièce originale signée. Rennes
7 frimaire an II. 1 p. et demie in-fol. Tête imprimée, vignette, cache
à la cire rouge.

**91. BRAHAM (John), le meilleur ténor anglais de ce siècle.
Né en 1777.** Mort en 1856

L. aut. sig. (en anglais), à M... 22 nov. 1831. 1 p. in-4.
Très jolie lettre relative à *Charles Kemble*.

**92. BRANDES (Joseph-Chrétien), célèbre acteur et auteur
allemand. N. 1738. M. 1799.**

L. a t. sig. (en allemand), à M... Mannhin, 7 janvier 1781. 2 p.
p. et emie in-8. Jolie lettre. *Rare.*
R...EL (Amélie), 1re chanteuse allemande. N. 1807.
L. aut. sig. (en allemand). 3 mai 1842. 1 p. in-8.

93. BROCARD (Caroline), danseuse de l'Opéra.

L. aut. sig., à M. le vicomte Sosthène de La Rochefoucauld. Paris,
9 décembre 1828. 3 p. in-4.
Elle lui fait de vives plaintes pour les pas qui lui ont été enlevés dans plusieurs opéras, et donnés à des sujets... Ce qui lui a fait le plus de peine, c'est
qu'on lui a ôté le pas de tambour dans la *Vestale* qu'elle a toujours dansé en
remplacement de Mlle Noblet, qui l'a dansé après Mlle Bigottini...

**94. BROGLIE (le comte de), ambassadeur de France près le
roi de Pologne, Electeur de Saxe, Auguste III.**

L. aut. sig., à Mlle Sylvestre. Dresde, 19 février 1754. 3 gr. p. pl.
et demie in-4. Belle lettre. Intéressante.

95. BROHAN (Mlle Suzanne-Augustine) mère, actrice.

L. aut. sig., à M. Fontenay. 5 octobre. 1 p. pl. in-8.
Il est pénible pour elle d'être obligée de le refuser, mais réellement on ne
l'entend pas parler du tout... « J'en enrage, mais je vais me noyer de tisane pour
« être en état de vous satisfaire mardi. »
BROHAN (Augustine), actrice du Théâtre-Français.
L. aut. sig., à M. Davelu. Sans date. Demi-page in-8.

**96. BRUCE (Michel), l'un des trois Anglais qui firent évader
le comte de Lavalette.**

L. aut. sig., à M. le comte Gaspari de Belleval. 5 p. pl. et demie
in-4. Très-belle lettre.
Il l'entretient de sa situation, des motifs qui ne lui permettent pas d'acheter
ses tableaux, ayant fait de trop grandes dépenses dans son voyage en Turquie.
Il le félicite très-sincèrement sur les nouvelles glorieuses qu'ils viennent de
recevoir. « Le sort donc de Napoléon est décidé, et quel sort pour un homme
« qui a joué un si grand rôle !! A dire le vrai, sa carrière brillante m'avait ébloui
« les yeux. Je croyais toujours que c'était un homme et un génie vaste, et d'un
« grand courage, mais qui était prêt de tout sacrifier pour satisfaire à son
« ambition démesurée. Sa fin n'a pas répondu à l'opinion que j'avais conçue
« de son caractere. Pourquoi est-ce qu'il a eu la lâcheté de signer une cession
« honteuse ? S'il avait voulu conserver sa reputation, il aurait fallu périr à la
« tête de son armée ou aux portes de Paris... »

**97. BRUNEL (Marc-Isambart), célèbre ingénieur français,
constructeur du tunnel sous la Tamise.**

L. aut. sig., à M. Bréguet fils. Londres, 9 février 1819. 2 gr. p.
pl. in-4.

98. BRUNTON (John), célèbre comédien anglais. M. 1832

L. aut. sig. (en anglais), à M... A Drury-Lane, 1817. 1 p. in-4.
BARTLEY, excellent comédien anglais.
L. a. s. (en anglais), à M. Westmacott. 27 octob. 1836. 2p. pl. in-8.

EGERTON (Daniel), célèbre acteur anglais.   N. 1772. M. 1835.
Billet de pagement aut. sig. (en anglais). 17 août 1822. In-8 en travers.

99. BRYANT (William-Cullen), le premier poëte d'Amérique.   N. 1754.
L. aut. sig. (en anglais), à M. Joseph Boyd, à Cincinnati, Ohio, New-York, 28 février 1839. Demi-page in-4.

100. BUFFON (Georges-Louis Leclcr, comte de), célèbre naturaliste, intendant du Jardin du roi, membre de l'Académie des sciences.   N. 1707. M. 1788.
Du Souffre. Manuscrit entièrement de la main de Buffon. Neuf grandes p. pleines et quart in-4. Ecriture fine et serrée.

101. BUFFON. *Le même.*
Extrait d'une lettre de M. le comte de Riolet, datée de Valcrispant. 1781. Autographe du comte de Buffon. 1 p. pl. in-4.
Au sujet d'un butor, de deux cormorans et de deux cignes.

102. BUFFON. *Le même.*
Explication de la carte géographique. Deux manuscrits, avec de nombreuses corrections de la main de Buffon. 22 p. in-4. — Plus, dix pages aut. de l'abbé Bexon, son coopérateur. In-8 et in-4.

103. BUFFON. *Le même.*
Du granit. Deux manuscrits avec de nombr. notes et corrections de la main de Buffon et de l'abbé Bexon. Ensemble, 53 pages in-4.

104. BUFFON. *Le même.*
Des Verres primitifs. Manuscrit avec des corrections autographes de Buffon et de l'abbé Bexon.

105. BUFFON. *Le même.*
L'Albatrosse. Manuscrit avec des notes et des corrections de la main de Buffon. 13 p. in-4.

106. BUFFON. *Le même.*
L'Anhinga. Manuscrit avec des corrections de la main de Buffon. 10 p. in-4.

107. BUFFON. *Le même.*
L'Avocette. Manuscrit avec des corrections de la main de Buffon. 12 p. et demie in-4.

108. BUFFON. *Le même.*
Les Barges. Manuscrit avec des corrections de la main de Buffon. 17 p. in-4.

109. BUFFON. *Le même.*
La Bécasse. — La Bécassine. — Le Bécasseau. — Trois cahiers manuscrits, avec de nombreuses notes et corrections de la main de Buffon. Ensemble, 41 p. in-4.

110. BUFFON. *Le même.*
Le Bec-en-Ciseaux. — Le Bec-Figue. — Deux cahiers manuscrits, avec des corrections de la main de Buffon. 22 p. in-4.

111. BUFFON. *Le même.*
Les Bergeronnettes ou Bergerettes. — La Bergeronnette grise. — La Bergeronnette du printemps. — La Bergeronnette jaune. — La Lavandière. Quatre cahiers manuscrits, avec des corrections de la main de Buffon. Ensemble, 28 p. in-4.

112. BUFFON. *Le même.*
Le Butor. — Le grand Butor. — Le petit Butor. — Le Butor rayé. — Le Butor roux, etc., etc. Manuscrit avec des corrections de la main de Buffon. 24 p. in-4.

113. BUFFON. *Le même*.

Mémoire sur un Calao apporté vivant à Paris en 1777, avec quelques recherches sur cet oiseau, et particulièrement sur l'espèce nommée *Rhinocéros*. Manuscrit avec de nombreuses notes et **correction** de la main de Buffon. 19 p. pl. in-4.

114. BUFFON. *Le même*.

Le Canard musqué. — Le Canard siffleur et le Grigeon ou Viageon — Le Siffleur huppé. — Le Siffleur à bec noir. — Le Chipeau. — L Souchet. — Le Pilet ou Canard à longue queue. — Le Canard à longu queue de Terre-Neuve, etc., etc. Manuscrit avec des corrections de l main de Buffon. 86 p. in-4.

115. BUFFON. *Le même*.

Le Bihoreau. — Le Bihoreau de Cayenne. — Le Cariama. — Le Caurale, appelé à Cayenne *Petit Paon des Roses*. Quatre cahiers. Manuscrits avec des corrections de la main de Buffon. Ensemble 15 p. in-4.

116. BUFFON. *Le même*.

Les Chevaliers. — Le Chevalier commun. — Le Chevalier aux pied. rouges. — Le Chevalier rayé, etc., etc. Manuscrit avec des corrections de la main de Buffon. 20 p. in-4.

117. BUFFON. *Le même*.

*La Cigogne.—La Cigogne noire.—*Deux cahiers. Manuscrits avec des corrections, de la main de Buffon. Ensemble, 50 p. in-4. L'un des cahiers a de fortes mouillures. — *Oiseaux étrangers qui ont rapport à la Cigogne. Le Jabira.— L'Aouarou.— Le Maguari.— Le Couricaca.* Deux manuscrits avec des notes de la main de Buffon, 18 p. in-4.

118. BUFFON. *Le même*.

Le Colibri. Manuscrit avec des notes et corrections de la main de Buffon. 8 p. in-4.

119. BUFFON. *Le même*.

Les Combattants, vulgairement Paons de mer. Manuscrit avec des corrections de la main de Buffon. 10 p. in-4.

120. BUFFON. *Le même*.

Le Cormoran.—Le petit Cormoran, ou le Nigaud. Manuscrits avec des corrections de la main de Buffon. 20 p. in-4.

121. BUFFON. *Le même*.

Le Courlis.—Le Corlieu ou petit Courlis.—Le Courlis vert.—Le Courlis brun.—Le Courlis tacheté.—Le Courlis à tête nue.—Courlis du nouveau Continent, etc. Manuscrit avec des corrections de la main de Buffon. 38 p. in-4.

122. BUFFON. *Le même*.

Les Crabiers de l'ancien continent.—Le Crabier cajot.— Le Crabier roux.—Le Crabier marron.—Le Crabier jaune, etc., etc. Manuscrit avec des corrections de la main de Buffon. 24 p. in-4.

123. BUFFON. *Le même*.

La Demoiselle de Numidie (Oiseaux étrangers qui ont rapport à la grue). — *L'Oiseau Royal. — Les Gobe-Mouches, Moucherolles et Tyrans.* Deux cahiers manuscrits avec des corrections de la main de Buffon. Ensemble, 14 p. in-4.

124. BUFFON. *Le même*.

L'Echasse.—Le Cravant. Deux cahiers. Manuscrits, avec des corrections de la main de Buffon. Ensemble, 15 p. in-4.

125. BUFFON. *Le même*.

L'Epeiche, ou le Pic varié (treize espèces). Manuscrit avec des corrections de la main de Buffon. 28 p. in-4.

126. BUFFON. *Le même.*
Les Fous. — Le Fou commun. — Le Fou blanc. — Le grand Fou. — Le petit Fou. — Le petit Fou brun, etc., etc. Manuscrit, avec des corrections de la main de Buffon. 20 p. in-4.

127. BUFFON. *Le même.*
La Frégate. Manuscrit, avec des corrections de la main de Buffon. 11 p. in-4.

128. BUFFON. *Le même.*
Le Gobe-Mouches brun de Cayenne. — Le Gobe-Mouches huppé du Sénégal. — Le Chef bleu. Gobe-Mouches de l'île de Bourbon. — Le Gobe-Mouches olive de la Caroline et de la Jamaïque — Le Gobe-Mouches de l'île de France. — Oiseaux qui ont rapport aux genres des Gobe-Mouches, Moucherolles et Tyrans, etc., etc. Manuscrits divers, avec des notes et des corrections de la main de Buffon. Ensemble, 50 p. in-4.

129. BUFFON. *Le même.*
Les Goélands et les Mouettes. — Le Goéland à manteau noir. — Le Goéland à manteau gris. — Le Goéland brun. — Le Goéland varié, ou le Crisard. — Le Goéland à manteau gris-brun, ou le Bourgmestre, etc., etc. *— La Mouette blanche. — La Mouette tachetée ou le Kutgeghef*, etc., etc. Deux cahiers avec des corrections de la main de Buffon. Ensemble, 57 p. in-4.

130. BUFFON. *Le même.*
Les Grèbes et les Castagneux. Manuscrit, avec des corrections de la main de Buffon. 26 p. in-4.

131. BUFFON. *Le même.*
La Grue. — Grues du nouveau continent. Deux cahiers. Manuscrits, avec des corrections de la main de Buffon. Ensemble, 23 p. in-4.

132. BUFFON. *Le même.*
Le Harle. — Le Harle Hupé. — La Piette ou le petit Harle huppé. — Le Harle à manteau noir, etc., etc. Deux cahiers. Manuscrits, avec des corrections de la main de Buffon. Ensemble, 17 p. in-4.

133. BUFFON. *Le même.*
Le Héron, — Le Héron blanc, — Le Héron noir. — Le Héron pourpré. — Le Héron violet, etc., etc. Deux cahiers. Manuscrits, avec des corrections de la main de Buffon. Ensemble, 55 p. in-4.

134. BUFFON. *Le même.*
Les Hirondelles de mer (Neuf espèces). Manuscrit avec des corrections de la main de Buffon. 24 p. in-4.

135. BUFFON. *Le même.*
L'Huitrier, vulgairement *Pie de mer. — La Perdrix de mer. — L'Ombrette.* Manuscrits, avec des corrections de la main de Buffon. Ensemble, 18 p. in-4.

136. BUFFON. *Le même.*
La Morelle ou la Foulque. — La Macroule ou Grande-Foulque. — Manuscrit, avec des corrections de la main de Buffon. 14 p. in-4.

137. BUFFON. *Le même.*
La Macreuse. — Le Moucherolle de Virginie, à Respe verte. — Le Noddi. Manuscrits, avec des corrections de la main de Buffon. Ensemble, 18 p. in-4.

138. BUFFON. *Le même.*
Notices et indications de quelques espèces d'oiseaux incertaines ou inconnues. Manuscrits, avec des corrections de la main de Buffon. 32 p. in-4.

139. BUFFON. *Le même.*
Les oiseaux-mouches. — *Le plus petit Oiseau-Mouche. — Le Rubis .*

— *L'Améthiste*. — *L'Orvert*. — *Le Hupecol*. — *Le Rubis-Topase*. — *L'Oiseau-Mouche huppé*. — *L'Oiseau-Mouche à raquettes*. — *Le Pourpré*. — *La Cravatte dorée*. — *Le Saphir*. — *Le Saphir-Emeraude*. — *L'Emeraude-Améthiste*. — *L'Escarboucle*. — *Le Verd-Doré*. — *L'Oiseau-Mouche à gorge tachetée*. — *Le Rubis-Emeraude*. — *L'Oiseau-Mouche à oreilles*. — *L'Oiseau-Mouche à collier, dit la Jacobine*. — *L'Oiseau-Mouche à larges tuyaux*. — *L'Oiseau-Mouche à longue queue, couleur d'acier bruni*. — *L'Oiseau-Mouche violet à queue fourchue*. — *L'Oiseau-Mouche à longue queue or-verd et bleu*. — *L'Oiseau-Mouche à longue queue noire*. Trois cahiers. Manuscrits, avec des corrections de la main de Buffon. Ensemble, 50 p. in-4.

140. BUFFON. *Le même.*
L'Oiseau-Royal. Manuscrit, avec des corrections de la main de Buffon. 12 p. in-4.

141. BUFFON. *Le même.*
Les Oiseaux d'Eau. Manuscrit, avec des corrections de la main de Buffon. 26 p. 1/2 in-4.

142. BUFFON. *Le même.*
L'Oiseau du Tropique ou *la Paille en Queue* (trois espèces). Manuscrit, avec des corrections de la main de Buffon. 12 p. in-4.

143. BUFFON. *Le même.*
L'Oye. — *L'Oye des terres Magellaniques.* — *L'Oye des Iles Malouines.* — *L'Oye de Guinée.* — *L'Oye Eperonnée.* — *L'Oye d'Egypte.* — *L'Oye des Esquimaux.* — *L'Oye Rieuse.* — *L'Oye à Cravate.* Deux cahiers. Manuscrits, avec des corrections aut. de Buffon. Ensemble, 62 p. in-4.

144. BUFFON. *Le même.*
L'Ibis. — *L'Ibis blanc.* — *L'Ibis noir.* Manuscrit, avec des corrections de la main de Buffon. 26 p. in-4.

145. BUFFON. *Le même.*
Le Jabiru. — *Le Jacana* (cinq espèces). Deux cahiers. Manuscrits, avec des corrections de la main de Buffon. Ensemble, 17 p. in-4.

146. BUFFON. *Le même.*
Le Guillemot. — *Le Petit-Guillemot, vulgairement Colombe de Groenland.* *Le Kamichi.* Deux cahiers. Manuscrits, avec des corrections de la main de Buffon. Ensemble, 18 p. in-4.

147. BUFFON. *Le même.*
Le Labbe ou *le Stercoraire.* — *Le Macareux.* — Deux cahiers. Manucrits, avec des corrections de la main de Buffon. Ensemble, 24 p. in-4.

148. BUFFON. *Le même.*
Le Martin-Pêcheur ou *l'Alcyon.* Manuscrit, avec de nombreuses corrections de la main de Buffon. 16 p. pl. in-4.

149. BUFFON. *Le même.*
Le Pélican. — *Variétés du Pélican.* Manuscrit, avec des corrections de la main de Buffon. 32 p. in-4.

150. BUFFON. *Le même.*
Les Perroquets, les Perruches, les Perriches, les Kakatoès, etc., de l'ancien et du nouveau continent. Dix cahiers manuscrits, avec des corrections de la main de Buffon. Ensemble, 205 p. in-4.

151. BUFFON. *Le même.*
Les Pétrels; l'Oiseau des Tempêtes (Dix espèces). Manuscrit, avec des corrections de la main de Buffon. 54 p. in-4.

152. BUFFON. *Le même.*
Le Phénicoptère, ou *le Flamant.* — *Les Phalaropes.* Deux cahiers. Manuscrits avec des corrections de la main de Buffon. 25 p. in-4.

153. BUFFON. *Le même.*
Les pies d'Europe et d'Amérique, etc. (vingt-cinq espèces). Trois cahiers. Manuscrits avec des corrections de la main de Buffon. 72 p. in-4.

154. BUFFON. *Le même.*
Les Pingouins et les Manchots, ou les oiseaux sans ailes (quatre espèces). Manuscrits, avec des corrections de la main de Buffon. 38 p. in-4.

155. BUFFON. *Le même.*
Les Plongeons (cinq espèces). Manuscrit, avec des corrections de la main de Buffon. 19 p. in-4.

156. BUFFON. *Le même.*
Les Pluviers (onze espèces). Manuscrit, avec des corrections de la main de Buffon. 34 p. in-4.

157. BUFFON. *Le même.*
La Poule Sultane. — Oiseaux étrangers qui ont rapport à la Poule Sultane. Manuscrit avec des corrections de la main de Buffon. 31 p. in-4.

158. BUFFON. *Le même.*
La Poule d'eau. — La Poulette d'eau. — La Porzane ou la grande Poule d'eau. — La Poule d'eau de Cayenne. — Oiseaux qui ont rapport avec la Poule d'eau (cinq espèces). Manuscrit, avec des corrections de la main de Buffon. 16 p. in-4.

159. BUFFON. *Le même.*
Le Rasle de terre ou de genêt, vulgairement roi des cailles. — La Marouette. — Oiseaux étrangers qui ont rapport au Rasle. — Le Tikilin, ou Rasle des Philippines, etc. Deux cahiers, dont un fortement taché d'humidité. Manuscrits, avec des corrections de la main de Buffon. Ensemble, 30 p. in-4.

160. BUFFON. *Le même.*
Les Sarcelles (dix-sept espèces). Deux cahiers. Manuscrits, avec des corrections de la main de Buffon. Ensemble, 40 p. in-4.

161. BUFFON. *Le même.*
Le Pouilliot, ou le Chantre. — Le Saracou. — Le Schet de Madagascar. Trois cahiers. Manuscrit avec des corrections de la main de Buffon. Ensemble, 17 p. in-4.

162. BUFFON. *Le même.*
Le Secrétaire, ou le messager — La Spatule. Deux cahiers. Manuscrits, avec des corrections de la main de Buffon. Ensemble, 28 p. in-4.

163. BUFFON. *Le même.*
Le Tadorne. — Le Torcol. — Le Tourne-pierre. — Le Tyran de la Caroline. Quatre cahiers, Manuscrits, avec des corrections de la main de Buffon. Ensemble, 36 p. in-4.

164. BUFFON. *Le même.*
Les Manbèches. — La Guignette. — Le Cincle. — L'Alouette de mer. — Le Courlire ou le Courlan. — La Grue. — Les Canards. — L'Eider. Huit cahiers, plusieurs fortement tachés, déchirés ou rongés par les souris. Manuscrits, avec des corrections de la main de Buffon. Ensemble, 90 p. in-4.

165. BUFFON. *Le même.*
Manuscrits divers sur la Pyrite-martiale. — Alun. — Sel marin et sel gemme. — Acides des végétaux et des animaux. — Liqueur des cailloux. — Du fer. — De l'or. — De la direction de l'aimant, et de sa déclinaison. — De la craie. — Des schistes et de l'ardoise. — Des sels. — Acide vitriolique et vitriols. — Autres combinaisons de l'acide vitriolique. — Borax. — De la terre végétale. — Du feld-spath. — Du grès. — Alkalis et leurs combinaisons. — Nitre. — Du schorl. — Du quartz. — Des roches vitreuses de deux et trois substances, et en particulier du porphyre. — De la pierre calcaire. — De l'albâtre. — Du marbre. — Des verres primitifs. — Des ur-

*giles et des glaises.—Des pierres composées de matières vitreuses, et de
substances calcaires.— Du plâtre et du gypse.—280 feuillets détachés,*
plus de 550 p. in-4, avec des corrections de la main de Buffon.

166. BUFFON. *Le même.*

Manuscrits divers ayant servi à la composition des œuvres de Buffon, sur la théorie de la terre, l'histoire naturelle de l'homme, des quadrupèdes, des oiseaux, des poissons et en partie de la baleine, des reptiles, etc., etc., etc., formant un grand nombre de cahiers et de notes de diverses écritures des collaborateurs de Buffon (il ne s'y trouve rien de sa main), l'abbé Bexon, etc., trois à quatre mille pages environ, in-18, in-8, in-4 et in-fol.

DEUXIÈME VACATION.

Vendredi 20 février. — N°s 167 à 325.

167. BULWER (Henry Lytton), ministre plénipotentiaire d'Angleterre en Espagne.

L. aut. sig., à M.... Paris, 18 janvier 1843. 1 p. in-8.

168. BULWER (Sir Edouard Lytton), romancier anglais.

L. aut. sig. (en anglais), à sir Francis Vincent. 1 p. in-4.

Bulwer (lady), femme du précédent. L. aut. sig. (à la troisième personne en anglais), au prince Kozloffski. Paris, 1er juillet 1840. 3 p. pl. in-8.

169. BUNN (Alfred), célèbre directeur de théâtres anglais, auteur dramatique.

Trois lett. a. s. (en anglais), à M. Moore. Ensemble, 4 p. in-8 et in-4.

Burke (John), auteur dramatique anglais. L. aut. sig. (en anglais), à M. Wara, au théâtre de Drury Lane. 1 p. in-4.

Wallis (Fielding), auteur dramatique anglais.

L. aut. sig. (en anglais), à M... 20 mars .. 2 p. in-4.

170. BURETTE (Th.), historien français.

L. aut. sig., à M. Gabriel de Montigny, à Naples. Paris, 3 mai 1843. 3 gr. p. pl. in-8. Écriture fine et serrée.

Curieux détails sur leurs amis communs. Nouvelles de Paris... La *Lucrèce* de Ponsard fait grand bruit, et son œuvre, sans être très-dramatique, est du moins très-littéraire de l'aveu des plus récalcitrants. « Voilà donc un début « loyal de jeune homme avec honneur et profit. Les *Burgraves* n'ont pas été « aussi heureux, et le géant de la place Royale se trouve raccourci de quelques « pouces, ce qui lui laisse encore de belles proportions, s'il veut rester dans « les conditions de sa force et de ses qualités... »

171. CACHETS - ARMOIRIES.

Trente feuilles in-4°, renfermant chacune environ 30 cachets (la plupart à la cire rouge et noire, avec un titre manuscrit) : Français, Anglais, Espagnols, Russes, Italiens, Suédois et Danois, Grecs, Turcs, Persans, Américains, etc. Soit 900 cachets environ.

Réunion curieuse.

172. CAILLOT (Joseph), acteur de la Comédie-Italienne, de 1760 à 1772.　　　　　N. 1732. M. 1816.

L. aut. sig., au citoyen Camérani. Auteuil, 15 thermidor an V. 1 p. in-8. Jolie lettre.

Au sujet de ce qui doit être décidé en assemblée générale pour les pensionnaires du théâtre.

173. CALOSSO (Thimothée), instructeur des nouvelles troupes du sultan Mahmoud.

L. aut. sig., à M. Fortin d'Ivry, à Paris. Constantinople, 12 mars 1837. 3 p. pl. et quart in-4. Cachet.

Détails intéressants sur sa situation à Constantinople... « Nous avons eu, « après votre départ, une peste soignée, plus de 100,000 victimes, et je puis « vous assurer que ce chiffre n'est pas exagéré... »

174. CANTU (César), historien italien.

1° L. aut. sig., à M. Antoni Deschamps. Paris, 25 mars. 1 p. in-8.
2° Pièce de vers aut. (en italien). 1 p. et demie petit in-18.

175. CARDINAUX FRANÇAIS ET ÉTRANGERS.

BAYANE. L. aut. sig. (à la 3ᵉ personne), à l'abbé Guillon. 1 p. in-8. — BERNETTI. L. sig. (en italien). 1835. 1 p. in-fol. — FESCH. 1° L. sig. 1813. 1 p. in-4. — 2° Note de 11 lig. aut. 1 p. in-18. Portr. in-4, et sa biographie (par un solitaire), in-18. — MARBEUF, évêque d'Autun. L. sig. 1780. 1 p. in-4. — TENCIN. L. sig. 1746. 1 p. in-4.

176. CARNOT (Lazare), conventionnel, ministre de la guerre.

L. aut. sig. *le général Carnot*, à M. Damart, à Varsovie. Francfort-sur-l'Oder, 31 octobre 1816. 2 gr. p. pl. in-8.

Jusqu'à ce moment il avait conservé l'espérance de le revoir à Varsovie, mais après maintes réflexions, il a cru qu'il convenait à sa position de se fixer en Prusse, pour se rapprocher un peu de la France, et il a demandé au gouvernement prussien l'autorisation de s'établir à Madgebourg, ce qui lui a été accordé sur-le-champ. — Il part demain. Itinéraire qu'il doit suivre. Il a reçu partout infiniment de prévenances et d'honnêtetés...

177. CARNOT. *Le même.*

Rencontre de Mlle Raucourt et de Mlle Chameroi, aux Champs-Elysées. Dialogue adressé à M. Deleuze, censeur. 4 gr. p. pl. et quart autographes, in-4, avec des ratures et des suppressions.

178. CAUCHY (le baron Auguste), savant, membre de l'Académie des sciences.

L. aut. sig., à M. Ruffini. Sceaux, 25 juin 1843. 1 p. et demie in-8.

179. CAZOT (Joseph), excellent comique du théâtre Montansier (Variétés). N. 1777.

Sa signature au bas d'un acte de notoriété passé devant le maire du 5ᵉ arrondissement. Paris, 26 mai 1807. In-4. *Rare.*

180. CHANTEURS DE L'OPÉRA FRANÇAIS au service du roi Auguste, dit le *Fort.* 1705-1706.

1° Vingt-cinq quittances aut. sig. des chanteurs et chanteuses de l'Opéra français du roi Auguste, dit le *Fort*, des sommes qui leur sont dues par Sa Majesté polonaise, payées par la chambre de ses finances, délivrées à Leipzig, le 7 mai 1706, à la foire de Pâques 1706. 25 feuillets in-fol. — Plus la liste des parties prenantes, 2 p. in-fol.

2° Trois quittances pour sommes reçues par le théâtre (en allemand), 1692 et 1709. 3 p. in-fol.

181. CHANTEURS, MUSICIENS, COMPOSITEURS ANGLAIS. Dix lettres aut. sig. (en anglais).

BELLAMY. 1 p. in-8. — COOKE (Thomas), chanteur et compositeur. N. 1781. M. 1836. 1 p. et demie in-8. Théâtrale. — MAC-LEOD (Petter), musicien. 1833. 1 p. in-4. — MORLEY (John). 1 p. in-18. — PHILLIPS (Will.). 1829. 3 p. in-8. — PYNE (James). 1 p. in-4. — ROVEDINO (Thomas). 1843. 1 p. in-8. — SMIS REEVES, 1ᵉʳ ténor. 1 p. in-18. — SINCLAIR (John), célèbre ténor. 1 p. in-8. — WESLEY, célèbre musicien. 1 p. in-8.

182. CHENIER (Marie-Joseph), conventionnel, poëte et littérateur, auteur de la tragédie de *Charles IX*, etc.

Demande aut. sig., comme représentant du peuple, au conseil des Cinq-Cents, de lui accorder un congé d'une décade. Paris, 26 thermidor an VI. 1 p. in-8. Portr. lith. in-8.

183. CHERUBINI, compositeur célèbre, memb. de l'Institut.

1° L. aut. sig., à M. Norblin, artiste de la musique du roi. Paris, 24 décembre 1822. 1 p. pl. in-8. Intéressante.

2° Fragment de musique aut. 1 p. in-4.

184. CHEZY (Mme Helmina de).

L. aut. sig., à M. Eugène Brifaut. Bade, 13 février 1844. 3 gr. p. pl. in-4. Intéressante.

Elle l'entretient de son fils qui a fait de charmants tableaux à Dusseldorf....., « Hélas ! ni vous, ni le public, peuvent se douter à ce que j'écris, que c'est avec « votre plume ! que j'écris — que ne m'avès vous point donné avec votre imagina- « tion, vos pensées?...»

185. CHIRURGIENS, membres de l'Institut.

BOYER (le baron Alexis). Consultation aut., derrière une lett. aut. sig. du docteur Esquirol. 1824. 2 p. pl. in-4. — CLOQUET (Jules). Certificat aut. sig. 1828. 1 p. in-4. — CORVISART. Billet aut. 1 p. in-18, et Appostille aut. sig. in-fol. — PINEL. Billet aut. sig. in-8. — PORTAL. Pièce sig. in-4, et Fragment aut. 1 p. in-18. — VELPEAU. Billet aut. sig. in-18.

186. CHOLLET (Jean-Bapt.-Marie), acteur de l'Opéra-Comique.

L. aut. sig., à M. Deshayes. 7 juin 1845. 1 p. in-4.

S'il savait la gène qu'il a éprouvée l'autre soir au lever du rideau de Gulistan, tant sa posture était insupportable, et tant enfin le décor a peu de bon sens, il aurait pitié de lui, et arrangerait quelque chose avec Poulet... « Mais là... « quelque chose de convenable. L'on pourrait, par exemple, supprimer ce « terrain élevé qui prend tout le théâtre, est fort long à mettre, et fort long à « ôter. »

187. CLAIRET (Mlle Emilie), baronne *Ménager*, bonne soubrette de l'Odéon et du Théâtre-Français.   N. 1794.

L. aut. sig., au rédacteur des *Annales*. Toulouse, 17 mai 1818. 1 gr. p. in-4. Belle-lettre.

Ce n'est que de Toulouse qu'elle a voulu le remercier du petit mot consolant qu'il a bien voulu dire sur son compte. Elle lui jure qu'elle va travailler comme un démon, pour tâcher de lui prouver plus tard qu'elle a fait des progrès ; elle y vise bien plus qu'à l'esprit...

188. CLAUSEL DE MONTALS, évêque de Chartres.

L. aut. sig., a Mgr... Chartres, 16 février 1844. 1 p. et demie in-4, avec sa biographie (par un solitaire). In-18. Portr.

Au sujet de l'approbation qu'il a donnée à son mandement.

189. CLEMENT DE RIS (le comte), sénateur.

L. aut. sig., à son fils. Paris, 21 brumaire an III. 4 p. pl. petit in-8.

Il se plaint tendrement de ne recevoir point de ses lettres. — Il lui envoie des journaux d'hier et d'aujourd'hui, il verra le train qui entoure les Jacobins. Le peuple est las de les voir suivre fidèlement les principes et le système de Robespierre. Mais il est malheureux qu'on en vienne aux voies de fait. Avant hier une grèle de pierres a été lancée sur leurs fenetres : plusieurs ont été blessés. — « Ces méchantes femmes qui garnissent leurs tribunes pour de l'ar- « gent, et qui sont toutes les dévotes de Robespierre, ont été insultées et « fouettées a mesure qu'elles sortaient. Ce traitement est infâme. et il est bien « malheureux que la licence prenne la place de la justice ; c'est la faute de la « faiblesse du gouvernement qui souffre l'impudence et les efforts sanguinaires « de ces harpies. » Aujourd'hui se fait le rapport de l'affaire Carrier. Le retard qu'on a mis à livrer ce misérable au tribunal excite des murmures et un mecontentement universel. « Ah ! qu'un ardent ami de la République, qui est « en même tems un ami fidele de la vertu, de la raison, de la justice, est mal- « heureux de se trouver chargé de fonctions publiques dans ce moment d'agi- « tation, de troubles, de factions, de jalousie, de choc de toutes les passions !

« Tous nos braves défenseurs marchent du même pas pour assurer au risque de
« leur sang l'anéantissement de tous les tyrans, et nous, nous ne pouvons nous
« réunir pour étouffer nos malheureuses dissensions intérieures... »

190. CLERGE FRANÇAIS (membres du). Quatre lettres.
BERTIN (Charles-Jean), frère du ministre d'Etat de Louis XV, évêque
de Vannes. L. sig. à l'évêque de Rennes. Vannes, 11 sept. 1772. 2 p.
in-4. Cachet. Intéressante. — BROGLIE (le prince Charles, abbé de). L.
aut. sig. 18 janvier 1842. 1 p. pl. in-8. — DESGENETTES (l'abbé), curé
de Notre-Dame-des-Victoires. L. sig., au directeur du journal l'*Assemblée nationale*. Paris, 3 août 1849. 2 gr. p. in-fol. — MAURY (le cardinal). L. sig. 1811. 1 p. in-4.

191. CLERGE FRANÇAIS (membres du). Lettres aut. sig.
AURIBEAU (d'). 1833. 1 p. in-8. — COETEAUTON (de), 1802. 3 p. in-4.
— COQUEREAU, aumonier général de la flotte. L. aut. sig. (à la 3e per-
sonne). 1839. 1 p. in-4. Avec sa biographie (par un solitaire), in-18.
Port. — DESJARDINS (Ph.), 1823. 1 p. in-8. — DUBOIS, curé de Sainte-
Marguerite, 1805. 1 p. et demie in-8. — FRÈRE, supérieur du sémi-
naire de Saint-Nicolas-du-Chardonnet, 1830, 2 p. in-4. Intéressante.
D. A., patriarche de Jérusalem, 1835. 1 p. in-4. — LANEL, jésuite,
précepteur de L. A. R. Les Séreniss. Infants d'Espagne, 1750. 1 p. in-4.
— POUPART, curé de Saint-Eustache. Pièce sig. 1793. 1 p. in-4. — RO-
GER, doyen de l'Eglise de Bourges, 1718. 1 p. et demie in-4. Cachet.
— ROMAN, 1808. 1 p. in-4.

192. CLOWNS ANGLAIS CÉLÈBRES.
MATTHEWS (Thomas) a joué aux Variétés et à la Porte Saint-Martin.
N. 1809. L. aut. sig. (en anglais), à M. Miller. 1 p. in-8, en travers.
Rare. — SOUTHBY (John). Deux lett. et bill. aut. sig. (en anglais). 1 p.
in-18 et 2 p. in-8. — USHER (Richard). L. aut. sig., à M. Westmacott.
31 déc. 1842. 1 p. in-4. *Très-rare*.

193. COLLOT-D'HERBOIS, BILLAUD-VARENNE.
L. sig. comme représentants du peuple, composant le comité de salut
public, à l'agent national près le district de Quimper. Paris, 4 prairial
an II. 1 p. in-fol. Tête imprimée. vignette.

194. COLMAN (Georges) père, célèbre auteur dramatique.
L. aut. sig. (en anglais), à M. Bellamy, 15 juin 1757. 1 p. in-4.
COLMAN (George) fils.   N. 1762. M. 1836.
1° L. aut. (minute, en anglais). Adressée à Terry, 28 avril 1812. 1 p.
1/2 in 4. — 2° L. aut. (minute, en anglais), adressée à Munden. 1 p. pl.
in-4. Curieuse.

195. COMEDIE FRANÇAISE.
L. Sig. *Régnier*, *Ligier* et *Provost*, membres du comité d'administration, à M. Antony Deschamps. Paris, 26 février 1843. 1 p. in-4.
La Comédie-Française est fort sensible à l'envoi qu'il lui a fait d'une très-
remarquable pièce de vers sur Talma qu'il lui a dédiée... Ce n'est point sans
une profonde émotion que l'on a remarqué dans ces beaux vers le nom d'un
artiste qui naguère encore occupait une place si distinguée parmi ses camarades,
dont il a emporté toutes les sympathies.

196. COMPOSITEURS-MUSICIENS FRANÇAIS.
ADAM (Adolphe). — AUBER. — BERLIOZ. — ELWART, 1840. — Quatre
lett. aut. sig., in-8.

197. COMPOSITEURS-MUSICIENS FRANÇAIS.
HALÉVY (Frumental). — KONTZKI (Appollinaire de). — LIMNANDER. —
MAILLARD (aîné). — BERLIOZ. — Cinq lett. aut. sig., in-8.

198. COMPOSITEURS-MUSICIENS FRANÇAIS.
MEYERBEER (Giacomo). — MONPOU (Hippolyte). — PANOFKA. —
REYER. Quatre lett. aut. sig., in-8.

199. COMPOSITEURS-MUSICIENS. Huit pièces.
ADAM (Ad.), L. aut. sig. 1 p. in-18. — BATTA (Alex.). L. aut. sig. 1

p. in-18. — BÉRIOT (Ch. de), musicien, second mari de Mme Malibran.
L. aut. sig. *Ch. de B.* 1 p. in-8. — BERLIOZ (Hector). L. aut. sig. Londres.
1 p. in-8. — BERTON (H.). L. aut. sig. 1 p. in-12. — DANCLA. L. aut. sig.
1848. 1 p. in-8. — DOEHLER (Théodore), deux lig. de musique aut. sig.
1844, in-18. — CHÉRUBINI, deux lig. sig. 1 p. in-8.

200. COMPOSITEURS - MUSICIENS ALLEMANDS.

BLUMENTHAL (Joseph de). N. 1782. L. aut sig. (en allemand). 1830.
1 p. in-8. — BOCHSA (Robert-Nicolas-Charles), harpiste. N. 1789. M. 1856.
L. aut. sig. 1 p. in-8. — FURSTENAU (Antoine-Bernard), flûtiste. L. aut.
sig. (en allemand). 1841. 1 p. in-18. — THALBERG. L. aut. sig. (en allemand). 1 p. in-8.

201. CONGRÈVE (William), célèbre poëte comique, sur-
nommé le *Térence anglais.*   N. 1672. M. 1729.

Sa signature découpée d'un titre de livre (bande en travers, in-4).
Portrait anglais gravé, in-18.

202. CONSTANT DE REBECQUE (Benjamin), publiciste.

L. aut. sig., à M. Cadet Gassicourt. Paris, 18 sept. 1817. 1 p. pl. in-4.
PYAT (Félix), écrivain démocrate, représentant du peuple en 1848.
L. aut. sig., à son ami ... 22 oct. 1854. 1 p. in-8.
Touchante lettre au sujet de la mort de sa mère.

203. CONTAT (Louise-Françoise), célèbre actrice de la Comédie-Française.   N. 1760. M. 1813.

L. aut. sig. *Louise de Parny,* à son amie ... Sans date. 1 p. pl. in-8
(collée sur papier fort).
Lettre curieuse au sujet de la réception qu'elle aurait voulu qu'on lui fît à la
campagne chez sa mère.

204. COOKE (Thomas-Potter), célèbre acteur anglais qui créa
à Paris, en 1825, le *Monstre* dans le *Monstre et le Ma-
gicien.*   Né en 1786.

L. aut. sig. (en anglais), à M. Bennet. 5 juillet 1842. 1 p. pl. in-4.
Cachet.
Il attend avec impatience la décision du Comité à son égard. S'il ne reçoit
pas de secours, il ne pourra vivre ; il a déjà vendu tout ce qu'il possède, et
s'attend à être mis à la porte de son logement, n'ayant pas de quoi payer son
loyer.

205. COUTHON (Georges), membre de la Convention nationale.   Mis à mort en 1794.

L. aut sig. *C.,* à M. de Biauzat, député à l'Assemblée nationale, à Paris. (Clermont-Ferrand) 2 mars 1690. 1 p. pl. in-4. Cachet.
Au sujet d'un décret de l'Assemblée Nationale qu'il a le plus grand intérêt à
faire réformer.

206. COWLEY (Miss Harriet *Parkhouse,* femme), célèbre auteur dramatique anglais.   N. 1743. M. 1809.

L. aut. sig. (en anglais), à M. Quétant, à Paris. 1777. 1 gr. p. pl. in-4.
Cachet. Belle lettre.

207. CRAMER (Jean-Baptiste), célèbre pianiste.

L. aut. sig. (en anglais). 9 avril 1833. 1 p. in-8. Portr. lith. in-4.

208. CRÉDIT PUBLIC DE LA FRANCE.

Lettre signée *Debenbée,* adressée au citoyen Reveillère-Lepaux, président du Directoire exécutif, le 22 fructidor au matin, 2 gr. p. in-fol.
Le Crédit public a encore baissé hier considérablement, et au point que la
rente qui s'achetait avant-hier 14 livres 10 sous et 15 livres pour 100 livres de
capital, ne valait plus hier que 11 livres et 10 livres, et les bons d'arrérages 3/4
ne valaient plus que 8 livres au lieu de 11 livres et 12 livres qu'ils coûtaient
il y a trois jours... Conséquences désastreuses de ce discrédit qui peut être
attribué au message du Directoire au Conseil... « La vigilance du Directoire,
« pour arrêter ce discrédit toujours croissant, déjouerait peut-être beaucoup
« de manœuvres ténébreuses tendant à y contribuer. »

209. CRESCENTINI, compositeur italien.

Piccola, ariette. Naples, 15 janvier 1844. Paroles et musique aut. sig. 1 gr. p. in-4.

210. CRIVELLI (Gaetano), admirable ténor italien. N. 1774.

L. aut. sig. (en italien), à M. Benelli, à Paris. Londres, 3 décembre 1817. 1 gr. p. pl. et demie in-4.

Belle et rare lettre théâtrale.

211. CRIVELLI (Gaetano). *Le même*.

L. aut. sig. (en italien), à M. Bennelli, à Paris. Londres, 8 avril 1817. 1 gr. p. pl. et quart in-4. Très-belle lettre.

212. CURCIONI, premier ténor de l'Opéra italien, à Paris, en 1824.

L. aut. sig. (en italien), à M. Benelli, à Londres. Paris, 13 novembre 1821. 2 gr. p. pl. et demie in-4. Belle lettre.

213. DAMES françaises et étrangères. Six lettres.

Souza (la comtesse de). L. aut. sig. 1 p. pl. in-4. — Menessier (née Marie Nodier). Billet aut. sig. in-8. — Quirieu (Mme la marquise de), née princesse de Rohan. 2 lett. aut. sig. 1835. 2 p. in-8 et 2 p. in-4. — La Rochefoucauld, abbesse de Montmartre. L. aut. sig. 1749. 2 p. in-4 (déchirée en deux). — Marie-Amélie, comtesse palatine du Rhin, etc. Pièce sig. 1685. 1 p. in-fol.

214. DEJAZET (Mlle Pauline-Virginie), célèbre actrice.

L. aut. sig., à son amie... 2 p. 1/2 in-18.

Déjazet (Herminie), actrice au Théâtre-Français de Londres en 1844. L. aut. sig. 1 p. petit in-8.

215. DELEGORGUE (Adolphe), le fameux tueur d'éléphants, voyageur en Cafrerie.

L. aut. sig., à M... Paris, 13 novembre 1848. 1 p. pl. in-8.

Il accepte avec reconnaissance son diplôme de membre correspondant de la société Orientale... La science qui tend au bonheur de l'humanité, à sa perfection, a besoin de tous, même des plus faibles...

Armandi (le colonel), auteur d'un ouvrage sur l'emploi des éléphants dans les armées. L. aut. sig. Samedi matin. 1 p. in-8.

216. DÉPUTÉS, sous la Restauration et sous Louis-Philippe. Onze lettres aut. sig. ; trois let. sig. et une pièce aut.

Admirauld (Louis). — Agier. — Piscatory. — Boessière (le marquis de la). — Castelbajac. — Causans (le marquis de). — Dupin aîné. — Hély d'Oissel. — La Borde (Alex. de). — Laborie (Roux). — Lapanouse (César de). 2 pièces. — La Rigaudie (Chillaud de). — Perreau. — Sanlot-Baguenault. Ensemble, 19 p. in-8, in-4 et in-fol.

217. DERNIÈRE COMMUNION DE LOUIS XVI.

Le document historique dont nous transcrivons ci-après intégralement le contenu, est l'original même qui a été adressé au curé de la paroisse de la Tour-du-Temple, la veille de la mort de Louis XVI, et qui a dû rester en sa possession. Il provient de la succession de M. l'abbé Godard, mort chanoine-honoraire de la métropole de Paris ; il nous suffira, ce nous semble, d'en donner la description matérielle, son contenu n'ayant pas besoin de commentaires!!!

Il se compose de deux grandes pages pleines in-folio, avec l'entête imprimée de la commune de Paris : l'écriture autographe de l'abbé Edgeworth commence aux mots : *Un crucifix*, et se termine à sa signature ; le reste est de la main du secrétaire du Conseil de la Commune et les signatures qui terminent sont originales. — La pièce qui est d'une conservation parfaite est renfermée entre deux vitres avec bordure à filets dorés, fleurs de lys aussi dorées aux quatre coins et fond noir vernis : cette bordure funèbre paralt être d'une époque très-rapprochée de la mort du Roi martyr.

COMMUNE DE PARIS.

(Ici est le cachet gravé de la ville de Paris.)

Un crucifix.
Un missel. *Cartons* (ce dernier mot d'une autre main).
Un calice.
Un corporal et une palle.
Une patène.
Une pierre sacrée.
Un purificatoire.
Un amict.
Une aube.
Un cordon. *Un lavabo* (ces deux derniers mots d'une autre main).
Un manipule.
Une étole.
Une chassuble.
Deux nappes d'autel.
Une grande et une petite hostie.

Je soussigné, ministre du culte catholique, agréé par le conseil de la commune séante au Temple pour dire la messe dans l'appartement de Louis Capet, conformément à son vœu, désire qu'on me fournisse les objets détaillés dans la liste ci-dessus. Ce 20 janvier mil sept cent quatre-vingt-treize.

Edgeworth.

Nous soussignés, commissaires de la commune, de garde à la tour du Temple, délibérant sur la demande cy-dessu énoncé, prions le citoyen curé de la paroisse de St-François-d'Assise, de vouloir bien prêter les objets détaillés dans la demande cy-contre, et sur le désir de Louis Capet, pour luy faire entendre une messe qui doit être célébrée dans sa chambre à la tour du Temple demain matin à six heures précises, et d'envoyer ses objets au conseil du Temple par une personne qu'il choisira à cet effet, lesquels objets luy seront rendu dans la matinée du même jour.

Nous prions de plus le citoyen curé de vouloir bien nous envoyer ses objets ce soir, s'il est possible, ou de nous faire assurer par le présent porteur, qu'il voudra bien nous les envoyer demain à cinq heures du matin.

Fait au conseil du Temple, ce dimanche au soir, vingt janvier mil sept cent quatre-vingt-treize, l'an deuxième de la république française.

Baudouin, Douce, Paffe, Destournelles, Teurtot, Jori, Boiron, Mercereau et Gillet-Marie.

Ici a été apposé le cachet à la cire rouge (un peu brisé) du conseil de surveillance du Temple.

218. DESAUGIERS, auteur dramatique et chansonnier.

L. aut. sig., à M. Motte. Paris, 2 p. in-4.

Appréciation d'une pièce de théâtre qu'il lui a soumise.

219. DESBORDES-VALMORE (Marceline), actrice de l'Opéra-Comique, célèbre poëte.

L. aut. sig., à Mme Eugénie Niboyet. Lyon, 12 mai 1836. 5 gr. p. pl. in-4.

Lettre touchante au sujet de la maladie de son mari. Nouvelles littéraires, etc.
« Si vous saviez l'effroi que j'ai *achete* de tous les éditeurs qui disent payer...
« J'attendrai à plus tard pour un volume de vers... On n'en voudrait pas en ce
« moment d'une femme. Jugez donc... Mademoiselle Aline m'a prêté le volume
« composé pour Elisa Mercœur. — Je ne peux pas lire cela. — Je pleure tout
« le long des pages. — Je vois toujours là en vers comme en prose: la mort!
« la mort! la mort !... Nous sommes si faibles pour comprendre qu'il le faut,
« que ce doit être bon, puisque Dieu le veut... »

220. DESBROSSES (Mlle Marie), admirable comédienne (53 ans à l'Opéra-Comique). **N.** 1766. **M.** 1856.
L. aut. sig., à M. le Maire... 26 juillet. 1 gr. p. in-fol. Très-belle lettre. *Rare.*
On est venu dans la maison ou elle demeure, rue de Richelieu, n° 90, vis-à-vis l'hôtel du Nord, visiter avec dessein peut-être d'y loger des militaires. « ... Je suis seule avec deux domestiques femmes et mon enfant. Je passe ma « vie au théâtre, soit aux répétitions, aux assemblées et pour faire mon état, le « soir au spectacle. Jugez, je vous supplie, Monsieur le maire, si une femme « seule avec deux autres femmes domestiques peut recevoir des militaires. »

221. DEVIENNE (Mlle Sophie *Thévenin*, dite), depuis femme Gavaudan, célèbre actrice du Théâtre-Français.
Billet aut. sig. (a la 3e personne), à Mme Bérard. Dimanche 25 mars (1821). 1 p. in-8. *Rare.*
Envoi de deux billets pour le concert de Mme Larcher, violon célèbre, qui aura lieu le même jour, à deux heures, dans le foyer Favart.

222. DEVRIENT (Philippe-Edouard), célèbre acteur allemand, fils de *Louis* et frère d'*Emile*. **M.** 1801.
L. aut. sig. (en allemand), 29 septembre 1847. 1 p. in-8.
Fichtner (Charles), célèbre comédien de Vienne. L. aut. sig. (en allemand). 1 p. in-12.
Lebrun (Mlle Antoinette), jolie actrice allemande, aujourd'hui *Lady Donne* en Angleterre. Billet aut. sig. (en allemand). 1 p. in-18.

223. DICKONS (Miss Caroline *Poole*, femme), première chanteuse : fut prima-dona du Théâtre-Italien, à Paris.
L. aut. sig. (en anglais), à M. Winston. 1 p. in-8. Affiche (imprimée) d'une représentation au Théâtre-Royal de Coven-Garden, in-4.

224. DICKONS (Miss Caroline *Poole*). *La même.*
L. aut. sig. (en anglais), à M. W. Shield. 1 p. pl. in-8.

225. DIRECTEURS DES THEATRES DE PARIS, AUTEURS DRAMATIQUES. Cinq let. aut. sig.
Alaux, peintre de décors, directeur du *Panorama-Dramatique*. 1825. 1 p. in-8. — Alhoy (Maurice). *Théâtre-Saint-Antoine.* 1 p. pl. in-4. — Arago (Etienne). *Vaudeville.* 1846. 1 p. in-8. — Cogniard. *Variétés.* 1 p. in-8. — Duval (Alexandre). *Odéon.* Quitt. aut. sig. de la somme de *deux mille francs,* pour la vente de sa pièce intitulée : *La Manie des grandeurs.* 1817. 1/2 p. in-4. — Laloue (Ferdinand). *Cirque et Hippodrome.* Auteur des *Pilules du Diable.* 1837. 1 p. in-8.

226. DIRECTEURS DES THEATRES ANGLAIS.
Barlow. *Théâtre-Olympique,* à Londres. 1821. 1 p. in-4. — Harris, *Covent-Garden,* à Séridan, 1 p. in-4. — Lumley *Théâtre-Italien.* 1840. 1 p. in-8. — Winston. *Drury Lane.* 1 p. in-8. — Wood, acteur et directeur américain. Philadelphie. 1818. 1 gr. p. pl. in-4. Ensemble, 5 lett. aut. sig. (en anglais).

227. DIRECTOIRE (membres du) de brumaire an VI (31 octobre 1795), 18 brumaire an VIII (9 novembre 1799).
La Revellière Lepeaux. — Letourneur. — Rewbell. — Sieyès. — Barras. — Carnot. — Barthélemy. — François de Neufchateau. — Merlin. — Treilhard. — Gohier. — Ducos (Roger). — Moulin, et Lagarde, secrétaire général du Directoire. Ensemble, 17 pièces, lett. aut. sig., appostille, etc., in-8, in-4 et in-fol.

228. DISRAELI (Benjamin), premier ministre d'Angleterre.
L. aut. sig. (a la 3e personne, en anglais), à M. Campbell. 16 mars 1847. 1 p. in-8. Papier de deuil.

229. DOES (Pierre *Vander*), amiral hollandais.

Billet signé (en Hollandais). Mai 1590. 1 p. in-8 en travers.
Il reconnaît avoir reçu vingt-cinq blancs signés par le prince d'Orange pour le service de l'Etat durant l'expédition navale.

230. DOLGOROUKI (le prince Nicolas), ancien ambassadeur en Perse, gouverneur général de Vilna.

L. aut., sig. au prince Kozloffski. Wilna, 15 sept. 1837. 2 p. in-4.
Lettre intéressante au sujet d'un vase qui est en même temps une coupe charmante qu'il lui a envoyée de la part de son souverain.

231. DONIZETTI (Gaetano), compositeur italien.

1° Billet aut. sig. D. (en Italien). 1 p. in-18.
2° L. aut. sig., à M.... 1 p. in-4.

232. DORVAL (Mme Marie), célèbre actrice de drame et de mélodrame.   N. 1792. M. 1849.

L. aut. sig., à M.... 2 p. in-8.
LEVERD (Emilie), actrice du Théâtre-Français.
L. aut. sig., au baron de Senez. 1 p. pl. in-8.

233. DREUX (Alfred de), célèbre peintre d'animaux.

L. aut. sig. *Alfred*, à M... sans date (Londres). 4 p. in-8.
Il lui a fallu interrompre son trompette des gardes pour peindre pour la reine un de ses chevaux grandeur naturelle. « Il y a dix jours qu'il est fait et « livré, demain j'aurai fini le vôtre... J'ai en ce moment aussi sur le chevalet « une composition qui vous ferait faire des folies, mon vieux : un beau cheval « arabe de la reine, un lévrier de pur sang et ma jolie blonde, etc.

234. DROUART (Marie), femme de *Louis Monrose*, chanteuse de l'Opéra et de la Renaissance.

L. aut. sig., à madame... Lundi, 4 p. pl. in-4.

235. DU CANGE (Victor), romancier, auteur dramatique.

1° L. aut. sig., au libraire Barba. 31 août 1834. 1 p. 1/2 in-8.
Au sujet de l'impression de sa pièce du *Testament* de la pauvre femme.
2° L. aut. sig., au même. Prison de la Conciergerie, 16 décembre 1821. 3 pl. 1/2 in-8.
Reproches au sujet d'arrangements convenus entre eux pour la publication de plusieurs de ses pièces dramatiques.

236. DUCORNET (César), peintre né sans bras.   M. 1856.

L. aut. sig., à Dantan aîné. 14 août 1842. 1 p. in-8.
Il lui exprime son sentiment au sujet de sa statue de Duquesne.
DAVID (d'*Angers*), statuaire. L. aut. sig. 1 p. in-18.
ELSHOECT (Carle). L. aut. sig. Paris, 11 février 1846. 1 p. in-8.

237. DUCOS (Théodore), ministre de la marine.

L. aut. sig., à M. de Flavigny. Paris, 9 mars 1851. 1 p. in-4.

238. DUCROW, célèbre écuyer anglais.

L. aut. sig. (en anglais), à M. Westmacott. Théâtre-Royal Manchester. 24 octobre.... 1 p. pl. in-4. Belle lettre. *Rare*.
DUCROW (Miss Margaret *Primrose*, femme), écuyère distinguée du Théâtre-Astley. Morte en 1836.
L. aut. sig. (en anglais), à M. Westmacott. 20 août. 1 p. pl. petit in-8. Jolie lettre. *Rare*.

239. DUFAY (Charles-François de *Cisternay*), membre de l'Académie des sciences.   N. 1690. M. 1739.

L. aut. sig., à M. Arthur, médecin du roi, à Cayenne. Paris, 7 septembre 1738. 1 p. in-4. Fortement tachée. Scientifique.

240. DUPONT (Mme C.), actrice du Théâtre-Français.

L. aut. sig., à M. Dupont Bondy, à Paris. Corbeil, 9 janvier 1848. 1 p. pl. in-8.

Mante (Mlle), actrice du Théâtre-Français.
L. aut. sig. Paris, 5 mars 1835. 1 p. in-8.

241. DU POTET (le baron), célèbre magnétiseur.
L. aut. sig., à M.... Sans date, 1 p. pl. in-18.

Dussard (Hippolyte), économiste, commissaire de la république à Rouen. L. aut. sig., à M.... Jory, 8 octobre 1847. 3 p. in-8.

242. DUPREZ (Gilbert-Louis), célèbre chanteur de l'Opéra et compositeur. N. 1805.
L. aut. sig., à madame.... Paris, 7 mars 1851. 1 p. petit in-8.

Il vient de recevoir de M. Lumley, son directeur, l'ordre de partir le 11 de ce mois pour Londres... Il ne pourra donc continuer, quant à présent, ses leçons à sa fille...

243. EDGEWORTH (Miss Maria), célèbre romancière.
L. aut. sig. (en anglais), à M.... Edgeworth, 17 août 1835. 3 p. pl. in-8. Jolie et intéressante lettre.

244. EGVILLE (J. Hervet d'), excellent maître de ballets à Paris et à Londres, élève de Dauberval et chorégraphe.
L. aut. sig., à M. Aude. Ce dimanche 23 (1820). 2 gr. p. pl. et quart in-4. Belle lettre. Rare.

Détails intéressants au sujet d'un ballet qu'il doit faire représenter avant ou après celui de Deshays..... « Il m'est très-indifférent que Pierre, Paul ou « Jacques fasse un ballet avant, parce que tel tableau qu'ils voudront exiber, il « ne peut avoir de similitude avec le mien, ni dans la COMPOSITION ni dans le « TRAVAIL. Il est même de mon intérêt que le public voye une profusion de « compositions de ce genre, afin qu'il puisse mieux comparer et mieux appre- « cier le mérite ou le démérite de mes ouvrages d'avec ceux qu'il est habitué à « voir. — Enfin, je triompherai sur tous mes confrères contemporains, ou je « tomberai dans le néant. Telle est ma destinée, ou je me trompe fort....»

245. ELSSLER (Fanny), célèbre danseuse de l'Opéra...
L. aut. sig., à M. Habeneck. 7 octobre 1838. 1 p. pl. in-8. Cachet.

C'est demain que sa sœur danse le nouveau pas avec M. Mattis, enfin, le pas qu'il lui a déjà fait répéter... Elle désirerait bien qu'il pût encore le lui faire répéter....

246. ERNEST-AUGUSTE, roi de Hanovre.
L. aut. sig., à madame la comtesse ... St-James Palace, ce lundi. 1 p. in-8.

Lorraine (Charles de), gouverneur des Pays-Bas. L. sig. à M. de Witt. Vienne, 17 juin 1750. 1 p. pl. in-4. Enveloppe avec sceau.

247. ESCOUSSE (Victor), auteur dramatique (*Farruck-le-Maure*, etc.), mort à vingt ans, en 1832 (par asphyxie), avec son camarade et collaborateur, Auguste Lebras, âgé de seize ans.
L. aut. sig., à M. Alph. Brot. Paris, 27 janvier 1832. 1 p. in-18.

Béranger, notre poëte national. L. aut. sig., à Victor Escousse. La Force (prison de). 6 juin 1829. 1 p. pl. in-8.

Il s'empresse de le remercier des chansons qu'il a bien voulu lui envoyer. Il se contentera de lui témoigner sa reconnaissance pour celle qui lui est con- sacrée; elle est trop louangeuse pour qu'il l'en félicite. Mais il peut lui assurer que les autres lui ont paru charmantes. Les vers en sont bien tournés, les pensées souvent heureuses, et les cadres ingénieux. « Si vous êtes aussi jeune « que vous me donnez lieu de le présumer, je ne puis que vous prédire des « succès dans la carrière poétique. »

Béranger. *Le même.* L. aut. sig., au même. Paris, 13 juin 1829. 1 p. pl. in-8.

Ce sera avec beaucoup de plaisir qu'il recevra sa visite (à la prison de La Force où il est détenu). Démarches à faire à la préfecture de police pour en ob- tenir la permission.

248. ESCOUSSE (Mlle Louise), femme de M. Ch. Poirson,

sœur de *Victor Escousse*, actrice de l'Odéon, de l'Ambigu et du Palais-Royal.

Billet aut. sig., à M. Gueffier. Sans date. 1 p. in-18.

249. FARLEY (Charles), célèbre mime et chorégraphe anglais.

L. a. s. (en anglais), à M. Charles Mathews. 1829, 1 p. in-8. Rare.

FARRON (William), admirable comédien anglais. N. 1791.

Pièce sig. 1834. 1 p. in-4. Petit portrait gravé collé au bas de cette pièce. Plainte contre un cocher de cabriolet.

250. FAUCIT (Miss Helen), la meilleure tragédienne anglaise.

L. aut. sig. (en anglais), à M. Abington. 20 août ... 1 p. in-8.

CAREW (miss Félicité), charmante cantatrice. N. 1799.

L. aut. sig. (en anglais). 1823. 1 p. pl. petit in-8. Rare.

251. FAVART (Charles-Simon), auteur dramatique.

Quittance de trois lignes aut. sig., de la somme de six cents livres, reçue de Mme Duchesne, à compte du traité fait entre eux. Paris, 22 juin 1777. Quart de page in-4.

252. FEL (Mlle Marie), célèbre chanteuse de l'Opéra, de 1734 à 1759. Née en 1746. Morte...

Quitt. sig. de la somme de quatre cents livres pour gratification particulière et extraordinaire à elle accordée par le roi, sur des fonds de l'Académie royale de musique. Paris, 8 octobre 1768. 1 p. in-4. Rare.

253. FEUTRIER, évêque de Beauvais, prédicateur, ministre des cultes, de 1828-1829.

L. aut. sig., à l'abbé Guillon. Paris, 26 janvier 1823. 2 gr. p. in-4. Portr. grand in-8.

FORBIN-JANSON (Charles-Auguste de), évêque de Nancy et de Toul.

L. aut. sig., à l'abbé Guillon. Paris, 8 juin 1833. 1 p. in-4.

254. FITZWILLIAM (Miss Fanny *Copeland*, femme), excellente actrice anglaise. N. 1802, morte du choléra en 1854.

Deux lett. aut. sig. (en anglais). Ensemble, 4 p. in-8.

255. FIX (Mlle Delphine), actrice sociétaire du Théâtre-Français. N. 1833.

L. aut. sig., à M. Verteuil. Sans date. 1 p. in-8.

256. FRANCONI (les frères), Mme *Saqui*.

FRANCONI (les frères). Lett. sig., à M. Villenave; 18 oct. 1 p. in-4. Au sujet de *Robert-le-Diable* qu'ils vont bientôt donner.

SAQUI (Mme), fameuse acrobate. Quittance sig. *V. Saqui*, de la somme de *cinquante francs*, à elle accordée par le ministère de l'intérieur, à titre de secours, en qualité d'artiste dramatique. Paris, 9 décembre 1853. In-fol.

257. GARRICK (Eva-Maria *Veigel*, femme), danseuse connue sous le nom de *Violette*, femme du célèbre Garrick. Née en 1724. Morte à 98 ans en 1822.

L. aut. sig. (en anglais), à Mme Saur, à Vienne. Adelphi, 1790. 1 p. in-4. Cachet. Belle et rare lettre.

258. GAVAUDAN (Jean-Baptiste *Sauveur*), acteur de l'Opéra-Comique. N. 1772. M. 1840.

L. aut. sig., à M. de Pixérécourt. Ce mercredi. 1 p. in-8.

259. GEORGES - WEIMER (Mlle), célèbre tragédienne.

L. aut. sig., à son ami ... Sans date. 1 p. in-4.

« ... La représentation n'a pas lieu. C'est à présent que je reçois le refus de « laisser chanter Mme Sontag ; c'est une infamie. Que faire ?...»

GEORGES. *cadette* (Mlle L.-C. Weimer, dite, sœur de la précédente, a joué au Théâtre-Français, a l'Odéon, a la Porte-Saint-Martin, etc.

L. aut. sig., a M.... Samedi, 1er février..... 1 p. et demie in-8.

260. GERSTEL (Auguste), célèbre acteur allemand. N. 1807.
L. aut. sig. (en allemand), à M... Stuttgard, 25 juin 1851. 3 p. pl.
in-8. Jolie lettre.

261. GIRAUD (F.), dominicain.
L. aut. sig., à l'abbé Mercier de Saint-Léger. 3 avril 1779. 1 p. et
demie in-4.
Au sujet de quelques ouvrages et questions bibliographiques.

262. GODWIN (William), auteur de *Caleb Williams*.
L. aut. sig. (à la 3e personne, en anglais), à M... 3 novembre
1821. 1 p. in-4. Littéraire.

263. GONTIER, célèbre acteur du Gymnase. M. 1841.
L. aut. sig. (à la 3e personne), à M. et à Mme Giromond. Fontaine-
bleau, 1er octobre. 2 p. pl. in-8.
Invitation à venir passer la soirée. Il a fait demander au pharmacien quelques
litres de marrons assaisonnés avec du vin blanc ; ce léger topique ne peut
manquer son effet...
GONTIER (Rose-Françoise *Carpentier*, femme), en deuxièmes noces
femme *Allaire*, célèbre actrice de l'Opéra-Comique. N. 1747. M. 1829.
L. sig. *G..., fem. Allaire*, de bonne année, aux actrices de l'Opéra-
Comique. Paris, le 1er janvier 1827. 1 p. in-4.
« ... Que le bonheur soit avec vous, et que la santé vous accompagne. Avec
« les bons ouvrages et vos rares talents, vous triompherez de tous...»

264. GOUBAUX (P.), chef de pension, auteur du fameux mélodrame *Trente ans ou la vie d'un Joueur*. Son collaborateur *Beudin* et lui ne voulurent pas être nommés, et
la pièce fut jouée et imprimée sous le nom de *Victor
Ducange*, qui se la laissa attribuer.
L. aut. sig., au baron ... Paris, 22 février 1814. 1 p. in-fol.

265. GOZLAN (Léon), littérateur français.
L. aut. sig., à son ami ... Sans date. 3 p. in-8.
Curieuse lettre au sujet du projet de création d'un journal, qui serait le
Journal des débats des chemins de fer.
DUPORT (Paul), auteur dramatique.
L. aut. sig., à M. Duvert. 19 janvier 1851. 2 p. pl. in-8. Inté-
ressante.

266. GOZLAN (Léon). *Le même*.
LA FATALITÉ EN BOUTEILLE (publié dans le *Pouvoir* en août 1850).
Manuscrit aut. sig. 51 p. in-fol.

267. GRAVEURS, SCULPTEURS FRANÇAIS.
DESNOYERS (le baron Auguste). Quitt. aut. sig. 1816. Demi-page
in-4. — GATTEAUX. L. aut. sig. 1841. 1 p. in-8. — PAJOU. Quitt. aut.
sig. 1791. 1 p. in-4.

268. GRIMOD DE LA REYNIÈRE, célèbre épicurien, au-
teur de l'*Almanach des Gourmands*. N. 1758. M. 1838.
L. aut. sig., au marquis de Cussy. Au château de Villers-sur-Orge,
25 février 1822. 3 gr. p. pl. in-4.
LA BOURDONNAIS, fameux joueur d'échecs.
L. aut. sig. 1836. 1 p. in-4.

269. GUA DE MALVES (l'abbé Jean-Paul de), mathématicien, memb. de l'Acad. des sciences. N. 1712. M. 1786.
Pièce aut. sig., comme prêtre de Vigou. Éléments de sa défense
contre le fabricien de la paroisse de Vigou. 3 gr. p. in-fol. Curieux
détails.

270. GUILLAUME III, roi d'Angleterre.
Corrections aut. sur la minute d'une lettre en latin adressée à l'empereur Léopold. 13 août 1693. 2 gr. p. in-fol.

271. **GUILLON** (Nicolas-Silvestre), évêque de **Maroc** *in partibus*, aumônier de la reine Marie-Amélie.

Minute aut. d'une lettre adressée aux évêques de France au sujet de leur retour en France après la persécution révolutionnaire. Paris, juin 1800. 7 p. à mi-marge, in-4.

272. **GUILLOTIN**, jésuite, puis médecin, membre de l'Assemblée constituante. N. 1738. M. 1814.

L. aut. sig., à M. Husson. Paris, 23 août 1808. Demi-page in-8. Portrait de Bonneville, in-4.

Vidocq, chef de la police de sûreté, auteur de *Mémoires*.

L. aut. sig., à M... 14 juin 1843. 1 p. in-8. Port. gravé, in-8.

273. **GUIMARD** (Mlle), célèbre actrice de l'Opéra.

Épitre à Mlle Guimard en vers. 3 gr. p. pl. et quart in-fol. Écriture du temps.

274. **GUIRAUD** (Alexandre), poëte, auteur dramatique.

Deux lett. aut. sig., à M. de la Bouïsse-Rochefort. Villementin, 1834. Ensemble, 3 p. in-8.

275. **GYMNASE DRAMATIQUE** (acteurs du), des *Variétés*, etc. Six lettres aut. sig.

Charier. 1 p. in-12. — Christian. 1 p. in-8. — Dantorny (P.-J. Deliège, dit). *Variétés*. Directeur du théâtre français à Constantinople. Paris, 10 juin 1853. 1 p. in-12. — Monval (Joseph-Léon *Stockly*, dit). 1 p. in-8. — Numa Marc *Beschefer*, dit. Demi-page in-8. — Pierron (Eugène-Anasthase). 1847. 1 p. in-12.

276. **HAGEN** (Charlotte Von), excellente actrice, la *Déjazet de l'Allemagne*. N. 1814.

L. aut. sig. (en allemand), à M... 3 p. in-8. Jolie lettre.

277. **HAMMOND** (William-John), excellent acteur comique anglais. N. 1799. M. 1848.

L. aut. sig. en anglais, à M... 29 juillet 1839. 1 p. et demie in-8. Jolie lettre.

278. **HARLOW** (Mme Sarah), une des meilleures soubrettes de son temps. N. 1770. M. 1852.

1º Billet aut. sig. en anglais, à M. Wilmott. 17 mai 1824. 1 p. in-18.

2º L. aut. sig. en anglais, à MM. Powell, Prompter, Lyceum Théâtre. 22 sept. 1809. 1 p. in-4. — Plus, une curieuse affiche théâtrale du 14 janvier 1795. in-fol. *Rare*.

Sur son engagement de 3 ans à Drury-Lane.

279. **HARLOW** (Mme Sarah). *La même.*

L. aut. sig. en anglais, à M. W. Ward. 29 sept. 1800. 1 gr. p. pl. in-4. *Rare*.

Honey miss Laura *Bell*, femme, une des plus jolies actrices anglaises, charmante dans les travestis. N. 1815. M. 1846.

L. aut. sig. en anglais, à M. Masfield, au théâtre royal de Southampton. 23 septembre 1836. 1 p. pl. in-4. Cachet.

280. **HIPPOLYTE** (Frère), général supérieur des Récollets de Sarrelouis.

L. aut. sig., à M... Sarlouis, 4 juillet 1694. 2 p. in-4.

Au sujet d'un plan du pont de Sar Louis.

281. **INDULGENCES** (Recueil d') accordées par les papes aux églises des Jésuites de France.

Quarante-deux placards ou affiches, imprimés de 1690 à 1761, la plupart in-fol., pour la province de Reims, Sédan, etc., plusieurs avec des visas manuscrits et signés, et avec cachets, et quatre pièces manuscrites, in-4 et in-fol. Réunion curieuse et rare.

282. INSTITUT (membres de l'), Académie des inscriptions, des sciences, etc. Cinq lettres sig., aut., et aut. sig., in-8, in-4 et in-fol.

BEUDANT. 1839. — COUSINERY. 1822. — DUPIN aîné. — GAIL. — RÉMUSAT (Abel).

283. IWING (Washington), célèbre romancier américain.

L. aut. sig. (en anglais). Paris, 15 octobre .... 1 p. in-8. Port. gravé, in-8.

284. JEFFERSON (Thomas), 3me président des Etats-Unis d'Amérique. N. 1743. M. 1826.

L. aut. sig. (à la 3e personne, en anglais), à M. Tardieu, graveur. Washington, 10 février 1809. 1 gr. p. in-4, avec la traduction. — Plus, une enveloppe de lettre aut.

Il le remercie pour ses excellentes cartes des Etats-Unis et du golfe du Mexique qu'il lui a envoyées, etc., etc.

285. JOLY (A.-J.-B.), excellent acteur de vaudeville; bon dessinateur et mécanicien ; il fonda, en quittant le Vaudeville, un spectacle de marionnettes dans le passage de l'Opéra, qui devint le Gymnase-Enfantin. 1767.—1839.

L. aut. sig., à M. Armand Séville, rédacteur du *Corsaire*. Paris, 17 février 1825. 1 p. pl. in-8. Curieuse. *Rare*.

286. JULLIEN, dit de *Paris*, fondateur de la *Revue encyclopédique*.

L. aut. sig., à M. Ampère, membre de l'Institut. Iverdun, canton de Vaud, en Suisse, 6 juillet 1817. 3 gr. p. pl. in-4.

Il l'entretient longuement de ses courses pédagogiques à Besançon, à Genève et dans plusieurs communes du canton... Les nouvelles écoles d'enseignement mutuel organisées par les soins actifs de personnes bienfaisantes, produisent d'excellents effets, etc., etc.

287. KARR (Alphonse), littérateur, auteur des *Guêpes*, etc.

Les Tulipes. Feuilleton aut. sig. 60 p. in-8 (en travers), écrit sur papier pelure d'oignon.

288. KEAN (Ch.-Joseph), excellent tragique anglais. N. 1811.

L. aut. sig. (en anglais), à M... 21 juin 1834. 1 p. in-8. Théâtrale. — Portr. lith., in-4, avec sa signature autographe au bas.

289. KEMBLE (Charles), célèbre tragique anglais. N. 1775.

1° Billet de 2 lig. aut. sig. (en anglais), 1er avril 1840, in-8 en travers.

2° L. aut. sig. (en anglais), à M... Théâtre royal de Covent-Garden, 2 septembre 1842. 1 p. in-8. Théâtrale.

290. KEMBLE (Miss Frances-Anne, femme Butler, fille de Charles), et la meilleure tragédienne anglaise depuis sa tante, Mme Siddons. Elle débuta à Covent-Garden en 1829, eut plus tard un grand succès à Paris. N. 1811.

L. aut. sig. (en anglais), à M... Vendredi 29. 3 p. in-8.

Relative à son désir de loger chez lui pendant sa tournée. Elle ne demande pas d'appartement splendide, mais confortable. Détails précis à ce sujet.

291. KNOWLES (James Shéridan), le meilleur auteur dramatique anglais de ce siècle ; il a joué dans ses principaux ouvrages. N. 1784.

L. aut. sig. (en anglais), à M... 5 mars 1834. 1 p. in-4.

Relative à ses pièces.

292. **KNOWLES** (James-Shéridan). *Le même*.
L. aut. sig. (en anglais), à M... 31 avril 1822. 1 gr. p. pl. et demie in-4. Très-belle lettre littéraire.

293. **KORN** (Max.), célèbre tragique allemand. N. 1782. M. 1854.
L. a. s. (en allemand), à M. Otto Prechtler. 6 mars 1851. 1 p. in-8.
Knickeberg (Sophie-Frédérique *Roch*, femme), célèbre actrice allemande. L. aut. sig. (en allemand), à M... 12 février 1842. 1 p. in-8.

294. **KORNER** (Théodore), célèbre poëte allemand.
L. aut. sig. (en allemand), à M... 19 mai 1810. 3 gr. p. pl. et quart in-4. Très-belle lettre. *Rare*.

295. **LA DISCIPLINE ECCLESIASTIQUE DES ÉGLISES REFORMEES DE FRANCE.**
Extrait des actes du synode tenu à La Rochelle au mois d'avril 1571. — Extrait du synode national tenu à Nîmes le 6e jour de mai 1572 (l'année de la Saint-Barthélemy). Manuscrit de 31 gr. p. pl. in-fol., très-belle écriture du temps. Couverture du temps.
Document très-important et très-curieux pour l'histoire du protestantisme.

296. **LAFARGE** (Marie Capelle, veuve), condamnée pour crime d'empoisonnement sur son mari. N. 1816.
Fragment aut. de ses mémoires. 4 gr. p. pl. et demie in-fol., avec de nombreuses ratures.

297. **LA FAYETTE** (le général, Mis de). N. 1754. M. 1834.
1o L. a. s. *L.*, au général baron de Tromeuf. Lagrange, 5 mai... 1 p. in-4.
2o L. aut. sig., à M. le baron Poërio. Lagrange, 7 octobre 1833. 1 p. in-4. Intéressante.

298. **LAHARPE** (Frédéric-César), gouverneur de l'empereur Alexandre Ier.
L. aut. sig., à M. Jullien. Paris, 2 juillet 1814. 1 p. in-8.
Bem (le général Jean), réfugié polonais en Turquie sous le nom de *Mourad-Pacha*. Billet à ordre de 200 fr., aut. sig. Paris, 7 décembre 1846.

299. **LAMARTINE** (Alphonse), poëte, littérateur. N. 1792.
1o L. aut. sig., à M. de Balzac. Sans date. 1 p. et demie in-8.
2o L. sig. (signée aussi par M. L. Mathieu, député de Saône-et-Loire). Sans date. 2 p. in-4.

300. **LA MENNAIS** (l'abbé F. de), célèbre publiciste.
L. aut. sig., à Mme la comtesse Beaudrand. Lundi, 13 octobre .... 1 p. petit in-18.
Invitation à venir voir un morceau d'art attribué à Benvenuto Cellini, et qu'on dit magnifique.

301. **LANDSEER** (sir Edwin), célèbre peintre d'animaux.
L. aut. sig. (en anglais), à M... 13 août 1844. 1 p. in-8.

302. **LAPORTE**, fils de l'Arlequin du Vaudeville, directeur de l'Opéra italien de Londres. Il a joué avec un grand succès, *en anglais*, les comiques. N. 1799. M. 1841.
L. aut. sig. (en anglais), à M. J. Winston. The King's Théâtre. March 11. 1830. 1 p. pl. in-4.

303. **LARCHER** (Pierre-Henry), savant helléniste, membre de l'Académie des inscriptions.
1o Quitt. sig. sur parchemin, de la somme de 400 livres, pour ses gages de secrétaire du duc d'Orléans pendant l'année 1784.
2o L. aut., à M. Renouard. Paris, 16 octobre 1801. 1 p. pl. et demie in-4.
Renseignements intéressants sur plusieurs ouvrages publiés par les Aldes.

304. **LAYS** (François *Lay*, dit), célèbre chanteur de l'Opéra ; il y débuta en 1779.   N. 1757. M. 1831.
>   L. aut. sig., à M. Picard, directeur de l'Opéra. Paris, ce 16 mars 1809. 1 p. in-4.
>   Impossibilité où il se trouve de chanter demain.

305. **LEBRETON** (Jean-Pierre), bénédictin de la congrégation de St-Maur, ex-prieur de Rhedon, député d'Ille-et-Vilaine à l'Assemblée constituante, bibliothécaire de la Cour de cassation.   N. 1752. M. 1829.
>   1° L. aut. sig., à sa sœur. Paris, 20 juin 1814. 1 p. pl. in-4.
>   2° Tableau des fonctions remplies par lui depuis sa jeunesse jusqu'en 1806. 1 gr. p. pl. aut. gr. in-fol.

306. **LEBRUN** (Mme Vigée), célèbre peintre. N. 1755. M. 1842.
>   L. aut. sig., à Mme *Gaie*. Paris, 4 novembre 1 p. pl. in-4.

307. **LE COZ,** archevêque de Besançon.
>   L. aut. sig., au rédacteur du *Journal des Curés*. Besançon, 16 décembre 1810. 4 p. pl. in-4. Belle lettre.
>   Il réclame contre une erreur de son journal des 12 et 13 de ce mois; on y dit: *Huit sœurs de la charité envoyées de Paris*. Il fallait: *Envoyées de Besançon à Naples*. « Paris a la gloire de donner à l'Europe des savants, des politiques,
>   « des gouverneurs, des souverains; qu'il n'envie point à Besançon la douce
>   « satisfaction de fournir quelques *sœurs de la Charité* à ceux qui font encore
>   « cas de ces fruits évangéliques... Aujourd'hui, entre les professes et les
>   « novices, nous avons environ 200 sœurs, qui, dans cinquante lieux différents,
>   « exercent gratuitement la touchante fonction d'instruire les petites filles des
>   « familles pauvres et de soulager les malades indigents, et partout elles sont
>   « considérées comme des anges descendus du ciel; les paroisses où elles se
>   « trouvent employées éprouvent dans moins d'une année, des changements
>   « qui enchantent les amis des mœurs et de la piété. Aussi nous en demande-t-on
>   « tous les jours, soit dans notre diocèse, soit dans les diocèses voisins, et
>   « l'association pourrait fournir à toutes ces demandes, si on avait un bâtiment
>   « pour la maison du noviciat, pour y former des sujets aux vertus et aux talents
>   « qu'exigent leurs obscures et admirables fonctions.
>   « Partout elles montrent à lire, à chiffrer, à écrire, à connaître les nouveaux
>   « poids et mesures, à coudre, à linger, quelquefois même à broder, avec une
>   « méthode, une précision et une patience qui étonnent.
>   « Leur zèle, leur charité auprès des pauvres malades sont encore plus
>   « étonnants. Il n'est point de services si bas, si dégoûtants qu'elles n'aient le
>   « courage de leur rendre; après leur mort elles les ensevelissent, elles passent
>   « auprès de leur corps les heures dont elles peuvent disposer, elles les accom-
>   « pagnent jusqu'au cimetière... »

308. **LEFEBVRE** (le maréchal), duc de *Dantzig*.
>   L. aut. sig., à son ami Clément... 2 gr. p. in-4.

309. **LEMAITRE** (Frédéric), célèbre comédien.
>   L. aut. sig., à M. Thuilleur. 9 mars 1855. 1 p. pl. in-4.

310. **LICENCIEMENT DE LA GARDE NATIONALE DE PARIS** en 1827.
>   Lettre signée du ministre de l'intérieur *Corbière*, adressée au maréchal *Oudinot*, duc de *Reggio*, commandant de la garde nationale de Paris, pour lui annoncer que c'est en effet à l'Hôtel de Ville que doivent être remis les drapeaux et les armes qui se trouvent dans son hôtel, provenant de la garde nationale de Paris. En tête il y a neuf lignes aut. de réponse du maréchal. Paris, 11 mai 1827. 1 p. in-fol.

311. **LITTERATEURS, POETES FRANCAIS.** 7 pièces.
>   Cordellier Delanoue. 17 oct. 1851. 1 p. in-8.—Deschamps (Émile) 1 p. in-8. — Duval (Georges). Quit. aut. sig. 1806. 1 p. in-4. —Méry 1 p. in-8. — Saintine. 1 p. in-8.—Moreau (Mlle Élise). 1838. 2 p. in-8. — Dibdin (Frognald). Deux lignes aut. sig. au crayon, in-18. Ensemble, 6 lett. aut. sig. et 1 pièce.

342. LITTÉRATEURS FRANÇAIS. 6 lett. aut. sig.

AIMÉ-MARTIN. 1837. 2 p. in-8. — ALBOIZE-DU-PUJOL. 1 p. in-8. — ALLETZ (Édouard). 2 p. in-8. — AMAURY DUVAL. 1825. 1 p. in-4. — ANCELOT. 1 p. in-8. — ANDRIEUX, de l'Acad. française. 1830. 1 p. in-4. Au sujet de sa tragédie de *Brutus*.

343. LITTÉRATEURS FRANÇAIS. 6 lett. a. s. et 1 p. aut.

ARNOULD (Auguste). St-Pétersbourg, 1845. 2 p. in-8. — AUDIFFRET (Hyacinthe). Article aut. 2 p. in-4. — BAYARD (J. Fr.). 1830. 1 p. in-8. — BEAUTERNE (le chevalier Fouin de). 1 p. in-8. — BÉQUET (Etienne). 3 p. in-18. — BERNARD (Charles de). 1 p. in-8. — BERRYER (Constant). 1849. 1 p. in-8.

344. LITTÉRATEURS FRANÇAIS. 6 lett. aut. sig.

BOTTA (Ch.). 1832. 1 p. in-fol. — BOUCHARLAT. 1841. 1 p. in-8. — BROË (Jean de). 1837. 1 p. in-12. — DARGAUD. Fragment aut. sig. d'un livre intitulé *les Foyers éteints*. 1 p. in-fol. — DESNOYERS (Charles). 1844. 1 p. in-8. — DUCANGE (Victor). 1 p. in-18.

345. LITTÉRATEURS FRANÇAIS. 7 lett. aut. sig.

DUJARRIER, tué par Beauvallon. 1841. 2 p. in-8. — DUPATY (Emmanuel). 1840. 1 p. in-8. — LANDAIS (Napoléon). 1 p. pl. in-8. Exposition de son affreuse misère. — LEBRUN, membre de l'Institut. — LLORENTE, auteur de l'*Histoire de l'Inquisition d'Espagne*. 1 p. in-8. — LOEVE-VEIMARS. 2 p. in-8. — MERLE. 1 p. in-8.

346. LITTÉRATEURS, HISTORIENS, CHANSONNIERS.

BAYARD. Let. aut. sig. 2 p. in-8. — DUMERSAN (Marion). 1840. L. aut. sig. 1 p. in-8. — MONTEIL (Alexis). L. aut. sig. 1 p. in-4. — PIGAULT-LEBRUN. L. aut. sig. 1 p. in-4. — PIIS. L. aut. sig. 1807. 1 p. in-fol.

347. LORIQUET (le Père), jésuite, auteur d'une *Histoire de France* à l'usage des séminaires.

Certificat d'études aut. sig., comme supérieur du petit séminaire de Saint-Acheul. St-Acheul, 7 nov. 1820. Demi page in-4.

348. LOUIS XIV, roi de France à 14 ans.

Passeport signé et contresigné *Le Tellier*. 1652. 1 p. in-fol. Cachet. Port. (enfant) de Moncornet, in-4.

ORLÉANS (Philippe d'), régent. 1° Pièce sig. 1718. 1 p. in-4. — 2° Pièce avec le mot *bon*. 1722. 1 p. in-4.

LOUIS XV, roi de France. Pièce sig. (pour dépenses secrètes de la police). 1743. 1 p. in-4. — Plus 1 lett. sig. de M. de Marville, pour ces mêmes dépenses. 1743. 1 p. in-4.

319. LUBECKI (le prince Xavier), ministre des finances du royaume de Pologne.

L. sig., au prince [...]. Saint-Pétersbourg, 7 février 1839. 2 p. pl. in-4.

Il lui recommande chaudement le fils du général français baron Préchamps, qui a été chef d'état-major du maréchal Ney.

320. MACREADY (William-Charles), célèbre acteur tragique anglais. N. 1793. M....

L. aut. sig. (en anglais), à M. Mac Darch. 23 novembre. 1 p. 1/2 in-8. Portr. gravé in-8.

321. MACREADY. *Le même.*

L. aut. sig. (en anglais), écrite *sur le théâtre* pendant une pièce. 1 p. in-fol. Portr. gravé (dans Henri quatre), in-8.

322. MAINTENON (Françoise d'*Aubigné*, marquise de).

L. aut. (avec son paragraphe), au maréchal de Luxembourg. Lundi matin. 1 p. in-4.

Il connaît les intentions du roi qui a cru devoir soutenir et élever un évêque

qui se dévoue pour la bonne doctrine. « Dieu récompense les bonnes intentions
« quand mesme elles ne réussissent pas... »

323. MAINTENON. *La même.*
L. aut. (avec son paraphe), au maréchal de Luxembourg. Dimanche.
Demi-page in-8.

324. MAISTRE (le comte Joseph de), auteur des *Soirées de
Saint-Pétersbourg*, etc.   N. 1753. M. 1821.
L. aut. sig., à M. le comte de Laval. Mardi matin. 1 p. in-8. Ca-
chet. (Quelques taches.)

325. MANUEL, député de la Vendée.   M. 1827.
L. aut. sig., à M. Cousin. Lundi matin. Demi-page in-8.
MARRAST (Armand), publiciste, président de l'Assemblée Nationale
de 1848. L. a. s., comme rédacteur du *National*. Paris, 184... 1 p. in-8.

TROISIÈME VACATION.

Samedi 21 février 1857. — Nos 326 à 474.

326. MARA (Mlle Gertrude-Elisabeth *Schmeling*, femme), admirable cantatrice.   N. 1750.
Pièce sig. *G.-E. Schmeling* (en allemand), datée de Berlin , le 24
décembre 1777. 1 p. in-8 en travers. Portr. gravé. in-8. Très-rare.

327. MARBEUF (le comte de), lieutenant-général, gouverneur
de l'Ile de Corse.
L. aut. sig., à M. de Bédigis. Paris, 21 octobre 1782. 3 p. in-4.
Il l'entretient de ses démarches auprès du roi qui est en ce moment au château de la Muette, et qui doit retourner bientôt à Versailles.

328. MARIE-JOSEPHE, duchesse de Saxe, mère de
Louis XVIII.
L. aut. sig., à Mlle Silvester, à Dresde. Varsovie, 16 novembre 1746.
1 gr. p. pl. in-4.
Elle le prie de dire à M. le comte Poniatowski que Mme sa mère se porte
déjà tres-bien, et qu'elle sort déjà. « Je suis dans une inquiétude mortelle pour
« un pauvre Trabant qui doit être archibusé demain, ma sœur et moy nous avons
« déjà prier deux fois Sa Majesté le Roy, mais il est inflexible... »

329. MARLBOROUGH (la duchesse de), favorite de la reine
Anne, femme du célèbre général de ce nom.
Quitt. signée par elle et par le ministre, lord Godolphin, comme exé-
cuteur testamentaire du duc de Marlborough, son mari, 12 décembre
1722. 1 p. in-fol. Joli petit portrait gravé, in-18.

330 MARS (Mlle). célèbre comédienne.   N. 1778. M. 1847.
L. aut. sig., à sa chère Marceline ... sans date. 1 p. in-8.
Invitation à venir voir *Athalie* ce soir. Elle sera seule dans une loge de cinq
places... « et vous pouvez amener vos petits mâle et femelles.»

331. MATELIEF DE JONGE, amiral hollandais.
L. aut. sig. (en hollandais), à Hugues Grotius. Rotterdam, 15 septembre 1615. 1 gr. p. pl. et demie in-fol. Déchirure en tête de la marge
intérieure, enlevant la fin des huit premières lignes de la seconde page.

332. MATHEW (le Père Théobald), le célèbre apôtre de la
tempérance en Irlande.
L. a. s. (en anglais, à M. Beaumont, 17 novembre 1844. 4 p. in-8.
Très-intéressante lettre au sujet de son œuvre contre l'intempérance.

333. MATHIEU (Maurice), comte de *La Redorte*, général de la République et de l'Empire. Né à Sainte-Affrique (Aveyron).

L. a. s., au général Romeuf. Naples, 16 juin 1808. 2 p. p. pl. in-4.
Il s'étonne qu'il lui faille un million par mois pour faire subsister le corps d'armée qu'il a sous ses ordres à Corfou. Il sait sans doute que le roi (Joseph) est parti de Naples le 23 du mois passé pour se rendre à Bayonne près de l'empereur. Ce départ a donné lieu à toutes sortes de bruits ; le plus accrédité est qu'il va régner en Espagne, etc.

334. MATUSZEWIC (le comte), diplomate polonais au service de la Russie.

L. aut. sig., au prince Kozloffski, ce vendredi. 1 p. pl. in-4.
Demande d'audience auprès du Maréchal, Prince de Varsovie.

335. MELESVILLE, auteur dramatique français.

L. aut. sig., à M. Langlé. Paris, 10 avril 1854. 1 p. pl. in-8.
Relative à leur représentation de la Gaîté, qui serait après la pièce nouvelle de Frédéric Lemaître. Difficultés qu'ils rencontrent. « ...Nous éprouvons un « premier échec pour celle de l'Opéra-Comique. Mad. de Girardin a parfaite- « ment refusé *La Joie fait peur*. »

336. MENDELSOHN BARTHOLDY (Félix), célèbre compositeur allemand.   N. 1809. M. 1847.

L. aut. sig., à M. Berlioz. Leipzig, 25 janvier 1843. 4 p. pl. in-8.
Très-jolie lettre.
Il l'engage fortement à venir à Leipzig pour faire entendre sa musique, le mieux serait dans un concert. Frais que cela occasionne, recettes probables, etc.

337. MENGIS (Joseph), chanteur de l'Opéra.

L. aut. sig., à M. le marquis de Langalerie. Paris, 18 novembre 1842. 2 p. in-8.
ACHARD, acteur du théâtre du Palais-Royal.
L. aut. sig. à son ami. Mardi, 1 p. in-8. Théâtrale.
LEVASSEUR (P.), acteur de l'Opéra. L. aut. sig., 1848. 1 p. in-8.

338. MENIER (Joseph), célèbre acteur de la Comédie-Italienne.   Mort...

L. a. s., à M. Quétant. Paris, 31 janvier 1781. 1 p. in-4. Cachet. Rare.
Il vient de proposer *le Dormeur* pour mardi, mais le sieur Michu est malade et a demandé cette semaine, ce qui les recule de huitaine.

339. MERCIER DE SAINT-LEGER (l'abbé), littérateur, bibliothécaire de Sainte-Geneviève.   N. 1734. M. 1799.

Notes bibliographiques, etc., sur la *Bible de Mayence, saint Ambroise, Vitruve, l'architecture de Marchi*, etc. 15 p. p. in-16, in-12 et in-8.

340. MERLIN (Mme la comtesse), auteur de *Mémoires*.

L. aut. sig., à Mme la comtesse ... Ce dimanche. 2 p. in-18.
DARU (N. comtesse). L. sig. Paris, 8 janvier 1813. 1 p. in-4.

341. MÉRY, poète, collaborateur de *Barthélemy*.

L. aut. sig., à M. le directeur du *Corsaire-Satan*. Paris, 15 décembre 1846. 7 gr. p. pl. in-4. Incomplète des p. 7 et 8.
Au sujet de la *rime riche* qui remonte au siècle de Louis XIII. Harmonie des vers de Régnier, Jean-Baptiste Rousseau, Gilbert, Victor Hugo, Dorange, le poète marseillais, etc.

342. MESTCHERSKI (le prince Elim), poète russe, auteur d'*Artamonn Matveieff*, Tableau-scène.

Vers aut. sig., sur le verso du titre de son livre. à M. Sainte-Beuve, Nice. 1 p. pl. in-8.

343. MEYERBEER, célèbre compositeur allemand.

L. aut. sig., à M. ... Lundi. 1 p. in-8.
ROSSINI (Giacomo), compositeur. Billet de trois lignes signées. 28 janvier 1824. Demi-page in-8 en travers.
Il recommande beaucoup la musique du marquis de Salvo.

344. MICHEL (le grand-duc), frère cadet de l'empereur Nicolas.   N. 1798. M...

L. aut. sig., au prince Kozloffsky. La Haye, 26 septem. — 8 octobre 1836. 4 g. p. in-4. — Plus, 4 lignes aut. (en russe), in-18. Portr. gravé in-8.

Très-belle lettre. Sentiments affectueux. Ses deux charmantes lettres, l'une en russe, l'autre en français, lui ont fait le plus grand plaisir... Il peut voir par tout ce qu'il dit que tout son avenir est dans un calme complet. — « Quant à la poli- « tique, mon cher Kozloffsky, il serait trop long d'entrer en discussion là-dessus « dans une lettre, il me paraît que le monde est toujours aussi incorrigible qu'il « l'a été, voilà le résumé de tout ce que nous voyons. En attendant, je pré- « tends qu'apparemment c'est pour mieux marcher que le ministère français a « eu besoin de Molé..... Vous voyez que je suis aussi le grand principe, et que « je suis incorrigible... »

345. MICKIEWIC (Adam), célèbre poëte polonais.

L. a. s., au comte Alex. Tolstoy, à Paris. Paris, mercredi. 1 p. in-8.

346. MILLINGEN (le docteur J.-G.), auteur dramatique.

L. a. s. (en anglais), à M. Wenston. Boulogne, 25 août ...1 p. in-8. Relative à une de ses pièces.

Moncrieff (M. T.), célèbre auteur dramatique anglais, aveugle.

L. a. s. (en anglais), à M. Kenneth. 25 mai 1836. 1 p. et demie in-8.

Moncrieff (W.), auteur dramatique anglais.

L. aut. sig. (en anglais), à M. Treasurer Lee. Sans date. 2 p. in-4.

347. MILON (Louis-Jacques), célèbre danseur et mime de l'Opéra, bon chorégraphe.   N. 1765. M. 1849.

L. aut. sig., au duc d'Aumont. 30 janvier 1827. 1 p. in-4. Rare. Au sujet de la représentation à son bénéfice qu'il sollicite.

348. MILORVDOWITCH (le général), tué dans l'émeute qui eut lieu à Saint-Pétersbourg lors de l'avénement au trône de l'empereur Nicolas.

L. aut. sig., au comte Gaspari de Belleval. Kraiova, 16 octobre 1809. 1 p. in-fol.

349. MINETTE (Mlle Marie *Ménestrier*, dite), femme *Marguerite*, actrice du Vaudeville.   N. 1782. M. 1853.

L. aut. sig., à M. Duhamel. Paris, 28 janvier 1829. 2 p. pl. et demie in-8.

Lettre intéressante. Elle l'entretient de ses affaires théâtrales et d'un dîner auquel elle s'est trouvé avec Mrs Lemercier, Viennet, et Mlle Duchesnoy; on s'est beaucoup entretenu de lui. Conduite de la Comédie-Française vis-à-vis de Mlle Duchesnoy et autres, etc.

350. MINETTE (Mlle Marie *Ménestrier*, dite). *La même.*

L. a. s., à la famille Falcon, suivie d'une pièce de vers aut. sig. adressée au maire du 2e arrondissement, pour une tombola. 2 p. in-8.

Maxime (Mlle), tragédienne. L. aut. sig., à M. Blanc, peintre. Ce mercredi. 1 p. in-8.

351. MINISTRES, HOMMES D'ETAT, GENERAUX. 13 let. et pièces sig. et aut. sig.

Bugeaud, duc d'*Isly*. 2 lett. sig. 1849, in-8 et in-4. Portr. lith. in-8. — Caux (vicomte de). L. aut. sig. 1 p. in-4. — Chaptal (le comte). L. aut. sig., à M. Clément de Ris. Paris, 24 mai 1819. 2 p. in-4. — Clausel (le maréchal). 2 lett. aut. sig. in-8 et in-4. — Daguesseau, père du chancelier. L. aut. sig. 22 mai. 1 p. in-8. — Dejean (le général, comte). L. aut. sig., an IX. 2 p. in-4, et un congé sig., in-4. — Delort le général). L. aut. sig. 1844. 1 p. in-8. — Duperré (l'amiral). L. aut. sig. Brest, 1828. 1 p. in-fol. — Lecourbe (le général). L. aut. sig. an X. 1 p. in-4. Portr. in-4. — Dumas (le général Mathieu). L. aut. sig. an IX. 2 p. in-8. Très-beau lot.

352. MINISTRES avant et depuis 1789. 28 pièces sig. in-4 et in-fol.

BOURMONT. 1830.—CHOISEUL. 1769.—DE VOYER D'ARGENSON. 1754. — CLERMONT-TONNERRE. 1827.— DAVOUT. 1815.— DECRÈS. An XI.— DOUDEAUVILLE. 1824. — DUMON. 1826. — DUPERRÉ. 1839. — DUPONT. 1835. — DUPORTAIL. 1790. — LAFFITTE. 2 lett. 1814 et 1839. — LAINÉ. 1818. — LAPLACE. — LINDET (Robert). An VII. — LOUIS (le baron). 1831. — MACDONALD. 1816. — MACKAU. 1847. — MAUPEOU (de). 1736. — MAUREPAS. 2 lett. 1776. — MÉRILHOU. Diplôme de bachelier ès lettres (sur parchemin), signé aussi par MM. Cousin et Cuvier. 1830. — PHÉLYPEAUX. 1736. — PHÉLYPEAUX. 1757. — ROUILLÉ. 1757. — NECKER et SARTINES. 1779. — VOYSIN. 1710.

353. MINISTRES, FINANCIERS FRANCAIS.

ARGENSON (De Voyer d'). 1722. — CHOISEUL. 1762. — MAUREPAS. 1718. — VERGENNES. 1783. Ensemble, 4 pièces sig. in-4 et in-fol.

AGUADO. L. sig. 1835, in-4. — BERTHIER. L. sig. 1777, in-fol. — FOULON. L. sig. 1768, in-4. — SÉGUIN (Armand). L. aut. sig. 1825. 1 p. in-4.

354. MIROY (Mlle Clarisse), excellente actrice (Gaîté, Porte-St-Martin, Variétés et Vaudeville). N. 1820.

L. aut. sig., à M. Thuillier. Sans date. 1 p. in-4.

355. MONTAZET (Antoine de Malvin de), archevêque de Lyon, abbé de St-Victor, membre de l'Académie française, connu surtout par l'opposition que soulevèrent ses livres liturgiques et sa *Théologie* favorables au parti janséniste. N. 1712. M. 1788.

1º Pièce épiscopale sig., au sujet des biens du monastère des Célestins de Lyon, supprimé. Paris, 1er février 1782. 2 p. in-fol. Cachet. 2º L. aut., à M.... Lyon, 23 décembre 1773. 1 p. pl. et demie in-4.

356. MUNICIPALITE DE PARIS, de 1791 à l'an VII.

Quatre-vingt-quatre pièces sig. de différents membres de la municipalité de Paris, pour des affaires d'administration publique, de 1791 à l'an VII, la plupart avec tête imprimée et vignette, in-4 et in-fol.

357. MURAT (Joachim), roi de Naples.

L. aut. sig., au ministre de la guerre. On lit en marge de la main du maréchal Berthier : *Faire un rapport au Premier Consul.* Sans date. 1 p. in-fol.

Envoi de l'état de service des officiers de l'escadron des gardes attaché aux troupes françaises en Italie.

358. MUSICIENS, COMPOSITEURS FRANCAIS.

ADAM (Ad.). Autorisation aut. sig. 1 p. in-18. — BERTON (H.). Billet de spectacle aut. sig. in-18. — GRÉTRY. L. aut. sig., 13 frimaire. 1 p. in-8. — LESUEUR. Pièce aut. sig., en faveur de l'artiste Vicilh-Varenne. Paris, 1807. 1/2 p. in-4.

MUSICIENS DE LOUIS XIV. Quatre quittances sig. (sur parchemin). AUGET (Paul). 1633. — BAILLY (Henry de). 1634. — BOESSETZ. 1614. — MATHON (Jean-Baptiste). 1704.

359. MUSICIENS ANGLAIS, etc. 5 let. aut. sig.

BRADBURG. 1 p. in-18. — CRAMER (François), violon. 1838. 1 p. in-8. — HIME (H.). 1831. 1 p. in-4 cachet. — COLL. (A. M.). 1833. 3 p. in-8. — MORI, célèbre violoniste. N. 1797. 1 p. in-8. — OLE-BULL, violon danois. Signature découpée. 1836.

360. NADAR (Félix *Tournachon*, dit), célèbre dessinateur, caricaturiste, photographe, auteur de *Pierrot boursier*, pantomime. N. 1820

L. aut. sig., à M. Dormeuil. Paris, 1er octobre 1853. 1 p. in-8.

361. NAGELI (Jean-Georges), célèbre compositeur suisse. Né en 1768. Mort en 1836.

L. aut. sig. (en allemand), à M... 30 avril 1826. 1 gr. p. pl. et demie in-4.

362. NASSAU (princes et princesses de).

Nassau (Walvad, prince de). L. a. s. La Haye, 14 fév. 1702. 2 p. in-4.

Nassau (la princesse de), femme du prince Henri-Casimir, stadhouder de Frise et de Groningue. L. sig., au conseiller P. Heinsius. Lerwarden, 28 janvier 1702. 2 p. in-4.

Nassau (la douairière, baronne d'Espaen, née de). L. aut. sig. La Haye, 31 mars 1769. 1 p. in-4.

Nassau Saarbruck (le prince de). L. aut. sig., au maréchal de Ségur. Saarbruck, 26 mai 1785. 1 p. in-fol.

Nassau (Fr., prince de). L. aut. sig., à son altesse madame..... Bribrich, 2 novembre 1803. 1 p. in-4.

363. NATURALISTES FRANCAIS. 4 pièces.

Edwards (Milne). L. aut. sig. 1 p. in-12. — Geoffroy-Saint-Hilaire (Isidore). L. aut. sig. 1 p. in-8. — Jussieu (A. de). Billet aut. sig. in-8. — Temminck. L. aut. sig. 1834. 1 p. in-4.

364. NEE DE LA ROCHELLE (Jean-François), libraire, littérateur, bibliographe, auteur de : *Vie d'Etienne Dolet... Eloge historique de Guttemberg*, etc.

L. aut. sig., à M..., La Charité, 20 août 1809. 3 gr. p. pl. in-4.

Il le remercie affectueusement de son agréable présent des *Bucoliques* de Virgile, par lui traduites en vers français, et accompagnées de divers morceaux choisis de Théocrite... Il vient d'envoyer à Paris son *éloge historique de Guttemberg* à un de ses confrères. S'il se décide à l'imprimer, dans ce temps si semblable à celui où Alde l'Ancien se trouva, il aura soin de lui en faire remettre un exemplaire... « Je vois que vous préférez un peu les Etiennes au « vieux Alde et sous quelques points vous avez eu raison; mais les Etiennes ont « eu la route frayée par Alde l'Ancien. Je vous dirai que je m'intéresse aux « Aldes, parce que j'avais composé avant M. Renouard les *Annales de la typo-* « *graphie aldine*, et que même j'avais pris beaucoup de notes dans sa bibliothè- « que, il ne pouvoit donc l'ignorer ; mais il s'est pressé de refaire un ouvrage « comme le mien et de le publier avant moi, de manière que le manuscrit me « reste. C'est une anecdote à ajouter aux honnêtetés littéraires du siècle. Mon « travail est beaucoup plus étendu que le sien, que j'ai acquis il y a un an , et « que je n'ai pas encore eu le temps de comparer à ce que j'avois fait... »

365. NOGARET (Félix), poëte, littérateur français.

1º L. aut. sig. *Aristœnetus gallus*, à M. Bérard. 15 juillet 1 p. in-4.

2º L. aut. sig., au maire de la commune d'Yerres. 6 octobre 1810. 3 p. pl. in-4.

Lettre curieuse au sujet d'un jeune trappiste qu'il a trouvé hier dans les bois, à la porte de son couvent qu'il avait fui... « Le jeune homme nous a avoué que « son extrême faiblesse et son désespoir provenaient des coups de discipline « qu'il était obligé de se donner toutes les semaines, et du jeûne trop rigoureux « auquel il était astreint, etc. »

366. OELS, excellent comédien allemand.

L. a. s. (en allemand, à M... Dresde, 11 sept. 1838. 1 gr. p. pl. in-4.

Ryge, célèbre acteur danois.

L. a. s. en danois, à M. Andersen. 23 octobre 1839. 1 p. in-4.

367. OLIVA (J.-Paul), général des Jésuites.

L. avec la souscription d'une ligne aut. sig. (en italien), au cardinal Buglione, à Paris. Rome, 21 septembre 1671. 3 p. in-fol. Enveloppe avec le cachet de la société. Belle lettre.

368. OPERA (chanteurs et danseurs de l'). 7 lett. aut. sig.

Alizard. 1 p. in-8. — Dérivis fils. 1 p. in-8. — Frémolle. 1 p. in-8. — Dupond (Alexis). 1844. 1 p. in-8. — Marié. 184? 1 p. in-8. — Masset. 1845. 1 p. in-8. — Vestris. 1809. 1 p. in-4.

369. OPERA (chanteurs et danseurs de l'). 6 lett. aut. sig.

Cinti (Mme Damoreau). 1844. **2** p. in-18. — Courtot (Emma). **2** p. in-8. — Fabbri (Flora), Mme Bretin. 1848. **1** p. in-8. — Ponchard (Cécile d'*Halbert*, femme Charles). **1** p. in-8. — Taglioni (Marie). **1** p. in-8. — Weiss (Louise). L. aut. sig. (en allemand). Dresde. **1844**. **1** gr. p. pl. in-4.

370. OPERA-COMIQUE (acteurs de l'). 8 lett. aut. sig.

Barbot. **1** p. in-8. — Bataille. **1** p. in-8. — Duverger, beau-père d'Adolphe Nourrit. **1** p. in-8. — Bellecour. **1** p. in-18. — Hermann Léon. **1** p. in-8. — Lemaire. **1** p. in-8. — Nathan (E.). 1851. **1** p. in-8. — Nourrit (Auguste), frère d'Adolphe Nourrit. Amsterdam, **1835**. **1** p. in-4.

371. OPERA - COMIQUE (actrices de l'). 4 lett. et **1** pièce aut. sig.

Adam (Mlle Chérie *Couraud*, femme Adolphe), veuve du compositeur. **1** p. in-12. — Belmont. 1822. **1** p. in-4. — Blanchard. **1854**. **1** p. in-8. — Darcier (Mlle). Une ligne aut. sig. in-18. *Rare.* — Lemercier (Marie-Charlotte-Léocadie). **1** p. in-8.

372. OPERA-ITALIEN (cantatrices de l'). 4 pièces.

Bereytter (Angélique). Programme aut. sig. (à la 3e personne) d'une soirée musicale qu'elle doit donner le 6 juillet 1817. **1** p. in-4. — Borghi Mamo (Adélaïde *Borghi*, femme *Mamo*, dite Mme). N. **1829**. Enveloppe de lettre aut. sig. **1854**. — Persiani. Billet de bal sig. **1846**. in-4. — Ronconi (Giovannina *Giannoni*, femme), célèbre par ses procès contre son mari. N. **1820**. L. aut. sig. **1848**. **1** p. in-12.

373. ORGER (Miss Mary-Anna *Ivers*, femme), admirable soubrette anglaise. N. **1788**. M. **1849**.

L. a. s. (en anglais), à R. Robins. Sans date. **2** gr. p pl. in-4.

Macauley (miss Elisabeth), célèbre actrice anglaise.

L. aut. sig. (en anglais), à M. Henneth. **1831**. **2** p. pl. in-8.

Power (Tyrone), admirable comédien irlandais, l'un des naufragés du *Président*. L. aut. sig. (en anglais). **1** p. in-8.

374. PAIRS DE FRANCE. 6 lett. aut. sig. et **2** pièces sig.

Caux (le vicomte de). 1819. **3** p. in-4. — Champagny, duc de *Cadore*. 1812. **1** p. in-4. — Choiseul-Praslin (Antoine-César-Félix, duc de). 1811. **4** p. in-4. — Escar (le duc d'). 1822. **1** p. in-8. — Fitz-James (le duc de). **2** gr. p. pl. in-4. — Odier. 1831. **1** p. in-4. — Savary, duc de *Rovigo*. Deux pièces sig. 1812. **1** p. in-4 et **1** p. in-fol.

375. PAIRS DE FRANCE, DÉPUTÉS, MARÉCHAUX, GENERAUX, PREFETS DE POLICE, MAGISTRATS, etc. 30 lett. sig. et aut. sig.

Aligre (le marquis d'). L. aut. **1** p. in-8. — Ayen (le duc d'). L. sig. 1787. **2** p. in-4. — Barthélemy (le marquis de), membre du Directoire. L. aut. sig. 1792. **1** p. in-4. — Damas (le baron de). L. aut. 1841. **1** p. in-8. — Demesmay (Aug. de). L. aut. sig. **2** p. in-8. — Dreux-Brézé (le marquis de) fils. L. aut. sig. **1** p. in-4. Portr. gravé. — Espinay St-Luc (le marquis d'). L. aut. sig. 1846. **3** p. in-4. Portr. — Estancelin. L. aut. sig. **1** p. in-8. — Levis (le duc de). L. aut. sig. 1821. **1** p. in-8. — Lovenhielm (le comte de). L. aut. sig. **1** p. in-4. — Lynch (le comte de). 1821. **1** p. in-4. — Allouveau de Montréal (le général). L. sig. 1852. **1** p. in-fol. — Anglès (le comte d'). L. sig. 1819. **1** p. in-fol. — Atthalin (le général). L. aut. **1** p. in-8. — Augereau (le maréchal). L. sig. an XIII. **2** p. in-4. — Bellart. L. sig. 1824. **2** p. in-fol. — Bernadotte (le maréchal). L. sig. an IX. **1** p. in-4. — Darnaud (le général). L. sig.

1819. 1 p. in-fol. — Daru fils. L. aut. sig. 1840. 2 p. in-4. —
Debelleyme. L. sig. 1828. 1 p. in-fol. — Delavau. L. sig. 1823.
1 p. in-fol. — Delachasse de Vérigny (le général marquis). L. sig.
1826. 1 p. in-fol. — Dupleix de Mézy. L. aut. sig. 1816. 3 p. in-4.
— Dreux-Brézé (le marquis de). L. sig. 1814. 1 p. in-4. — Ecquevilly
(le marquis d'). L. sig. 1 p. in-4. — Escars (le comte F. d'). L. sig.
1814. 1 p. in-4. Cachet. — Loverdo (le général). L. aut. sig. 1820.
3 p. in-4. — Mangin. L. sig. 1830. 1 p. in-4. — Martin (du Nord).
L. sig. 1846. 1 p. in-4. — Menou (le général de). L. sig. an XII.
1 p. in-4.

376. PAIX DE DRESDE.
1º Traduction du rescrit, ou soit de la réplique du roi de Prusse au
Promémoria de la cour de Vienne, touchant la garantie de l'empire à
la paix de Dresde. 11 octob. 1746. Copie du temps, 12 p. in-fol.
2º Traduction du Rescrit circulaire de S. M. l'Impératrice Reine à
ses ministres dans les cours étrangères. 16 juillet 1746. Copie du
temps. 12 p. in-fol.
Abrégé de l'état présent de l'empire ottoman. 1710. Manuscrit
du temps. 79 p. in-fol. Fortement mouillé à la marge intérieure.
Mémoire présenté à M. le duc de Choiseul, ministre de la guerre,
touchant l'île de Saint-Thomas et ses dépendances, par le sieur Paty
d'Albissy, de Paris, le 20 octobre 1762. Copie. 5 p. in-fol. — Lettre
écrite à M. Beudet, secrétaire général de la marine, par le sieur Paty
d'Albissy, de Paris, le 2 nov. 1752. Copie. 6 p. in-fol.

377. PAJOL (le général, comte).
Quatre lett. aut. sig. à divers, an VIII à 1837. 3 p. in-8., 1 p.
in-4 et 3 p. in-fol. — Pièce au sujet d'un matelot du corsaire : *Le général Pajol*. A bord de la goëlette *le général Pajol*, mouillé à Warne-
munde, le 15 décembre 1810. 1 p. in-fol. Cachet.

378. PALAIS-ROYAL, etc. (acteurs du théâtre du). 7 lett.
aut. sig.
Bardou. 1847. 1 p. in-8. — Achard (Frédéric). 1845. 1 p. pl. in-8.
— Brasseur (Victor). 1854. 1 p. in-8. — Brindeau. 1 p. in-12. —
Dublaix (Pierre-Théodore). 1853. 1 p. in-8. — Féligien (Edme-Jean-
Eugène). 1843. 1 p. in-8. — Levassor (Pierre). Demi-page in-8.

379. PARLEMENT DE PARIS (Mémoires sur les vies, mœurs,
les bonnes et les mauvaises qualités des membres du).
Manuscrit du temps, par ordre alphabétique et par chambre, en com-
mençant par les présidents. 88 pages in-4.
Document pour l'histoire du Parlement. Il commence par M. le Lamoignon.

380. PEEL (sir Robert), célèbre homme d'Etat anglais.
L. aut. sig. (en anglais), à sa belle-sœur lady Jane Peel. 3 août
1833. 2 p. in-8. Beau portr. gravé in-4, et portrait dans l'*Illustration
anglaise* (n° du 13 juillet 1850), avec quatre vues de ses obsèques.

381. PEINTRES FRANCAIS. 7 lettres.
Abel de Pujol. L. aut. sig. 1824. 1 p. in-8. — Bidault. L. sig.
1828. in-12. — Picot. L. aut. sig. 1 p. in-8. — Robert-Lefèvre.
L. aut. sig. 1816. 1 p. in-4. — Taunay. L. aut. sig. 1 p. in-18. —
Turpin de Crissé (le comte). 1827. 1 p. et demie in-4. — Vien. L.
aut. sig. Paris, 7 nivôse an VIII. 1 p. in-4.

382. PEINTRES FRANCAIS. 3 lett. aut. sig.
Heim. Jeudi 16 juin. 2 p. in-8. — Blondel. 1 p. in-8. — Couder
(Auguste). Paris, 13 juin 1824. 1 p. in-4.

383. PERSUIS (*Loiseau de*). compositeur français.
L. aut. sig., à M. Benelli, au théâtre Royal Italien. Paris, 1er février 1819. 1 p. in-8. *Rare.*

384. PEYRONNET (le comte de), ministre de la justice, signataire des ordonnances de juillet 1830.

L. aut. sig., au baron Jules de Peyronnet, son fils. Forteresse de Ham, 18 août. 2 p. pl. et demie in-8. Portr.

Il l'entretient de plusieurs de leurs amis... « Songes-tu quelques fois à mon « pauvre nez et au bon tabac qu'il espère ?... »

PEYRONNET (le baron J. de), fils du précédent.

L. aut. sig., à Madame Merle. 26 mars 1845. 1 p. in-4.

Envoi d'une lettre de son frère, une de M. de Polignac, et « une aussi de « M. de Leb... l'académicien, elle est curieuse, en ce qu'il y a une faute de « français. »

385. PICHLER, auteur dramatique allemand.

L. aut. sig. (en allemand), à M... Vienne, 1834. 1 p, in-4. Cachet.

386. PINDEMONTE (Hippolyte), poëte.   N. 1752. M. 1828.

L. aut. sig. (en italien), à Daniel Francesconi, à Venise. Vérone, 30 mai 1803. 1 p. in-4.

387. PIRON (Alexis), poëte, auteur dramatique.

Stances lyriques en remerciment d'une écritoire de Japon garny d'or. 1734. 4 p. pl. aut. in-4.

388. PIRON (Alexis). *Le même.*

Epître gauloise au très-avantureux, très-frisque, très-accort et très-courtois chevalier Navarros (Navot, substitut du procureur-général). 1725. (en vers). 2 p. pl. aut. in-4.

389. PIRON (Alexis). *Le même.*

Le Cordelier cheval. Conte (en vers). 1751. 8 gr. p. pl. aut. in-4.

390. PIRON (Alexis). *Le même.*

*Epître à M. D**** (Duménil-Paty), *procureur-général à Caen, qui nous avoit honorablement hébergés dans notre voyage de Normandie* (en vers). 1730. 4 p. pl. in-4.

391. PIRON (Alexis). *Le même.*

Etrennes à Madame la marquise de M*** (Mimeure). 1721. 4 p. pl. in-4.

392. PIRON (Alexis). *Le même.*

« Rondeau à M. l. c. d. S.-F. (le comte de Saint-Florentin). Pour « une dame qui luy devoit envoyer des étrennes le lendemain, et qui « me donna la jolie commission de les lui annoncer, sans me vouloir « dire, non plus qu'à lui, ce que ce seroit. » 1 p. aut. in-4. — Sur le verso : Rondeau pour un fermier-général, qui m'en demandoit un en réponse d'un autre qu'on lui avoit envoyé le jour de Saint-Antoine, sa fête. 1 p. aut. in-4.

393. PIRON (Alexis). *Le même.*

Le Temple de mémoire, poëme allégorique. 12 gr. p. aut. in-4 (y compris le titre, sur lequel Piron a collé la gravure de C.-N. Cochin).

394. PIRON (Alexis). *Le même.*

Le Roitelet. *Fable* (en vers). 1723. 2 p. pl. aut. in-4.

395. PIRON (Alexis). *Le même.*

*A M. le comte de **** (Saint-Florentin), *ministre et secrétaire d'État en lui envoyant une jolie poupée le jour de l'an* 1739. Chanson aut. sig. 4 p. pl. in-4.

396. PIRON (Alexis). *Le même.*

*Epître à M*** T**** (M*** de Tencin), *mise dans le pot de chambre d'une chaize percée qu'on luy envoyoit en étrennes.* 1746 (en vers). 2 p. pl. 1/2 aut. in-4. — A la suite : Epître (en vers), à Mlle .... en luy envoyant des jarretières. 1 p. pl. 1/2 in-4.

397. PIRON (Alexis). *Le même.*

Lysis et Amarille. Eglogue (en vers). 1717. 7 gr. p. pl. et demie aut. in-4.

398. PIRON (Alexis). *Le même.*

Quatre épigrammes : l'une contre l'abbé Alary ; l'autre contre l'abbé Séguy ; les deux dernières contre l'Académie française. 2 p. pl. aut. in-4.

399. PIXERECOURT, auteur dramatique. N. 1773. M. 1844.

L. aut. sig., à Madame la baronne de Marguerite. Paris, 9 avril 1829. 2. p. pl. in-8.

Au sujet de ses réclamations pour ses reprises contre la caisse du théâtre de l'Opéra-Comique; il voudrait bien aussi être remboursé des 25,000 francs qu'il a prêtés à M. le duc d'Aumont.

400. PLEYEL (Mme), née Camille *Moke*, célèbre pianiste, femme du grand musicien et fabricant de pianos. N. 1812.

L. aut. sig., à M. le baron de Trémont. Paris, 25 décembre 1844. 2 p. in-8.

Elle lui exprime ses vifs regrets de ne pouvoir jouer demain chez lui comme elle l'espérait, son doigt la faisant souffrir depuis plusieurs jours...

401. POETES, LITTERATEURS FRANÇAIS.

Hugo (Victor). L. aut. sig. 2 p. in-8. — Méry, collaborateur de Barthélemy. L. aut. sig. 1837. 1 p. in-8. — Dumas (Alexandre) père. L. aut. sig. 1 p. in-8. — Sue (Eugène). L. aut. sig. *Eugène S.* 1 p. in-8.

402. POISSON DE GRANVILLE, frère cadet de Paul Poisson, débuta à la Comédie-Française en 1694, puis s'engagea dans la troupe française de l'électeur de Saxe, roi de Pologne.

Pièce signée par lui et cinq autres de ses camarades. Dresde, 27 janvier 1705. 1 p. pl. in-fol. *Très-rare.*

« Nous soubsignés comédiens françois de sa majesté le roy de Pologne et élec-« teur de Saxe, confessons auoir receu de Monsieur Jean Lettin, maistre de « chambre, en vertu de l'ordre de sa majesté, trois mille écus, etc... »

403. POLIGNAC (le prince de), premier ministre, signataire des ordonnances de 1830.

L. aut. sig., à M. le baron de Peyronnet. Wildthurne (Basse-Bavière), 9 août 1839. 3 gr. p. pl. in-8. Cachet. Portr. lith., in-8 Curieuse.

404. POMPONNE (l'abbé Henri-Charles Arnauld de), conseiller d'Etat, abbé de Saint-Médard de Soissons.

L. aut. sig., à M... Paris, 5 juin 1718. 2 p. in-4.

405. PONCHARD (Jean-Frédéric-Auguste), chanteur de l'Opéra-Comique. N. 1789.

L. aut. sig., à M. Guilbert de Pixerécourt, directeur de l'Opéra-Comique, 30 juin. 1 p. pl. in-8. Jolie lettre.

Au sujet des réclamations qu'il lui avait faites... Il le félicite du choix que l'autorité a fait de lui pour occuper une place où il a commencé sous les plus heureux auspices, etc., etc.

406. POPE (Alexandre), admirable acteur tragique. Né en 1736. Mort en 1835.

L. aut. sig. (en anglais), à M. Thomas Hall. 15 mars 1804. 1 p. in-4. *Rare.*

407. PRADHER (Félicité *More*, femme), charmante cantatrice de Feydeau. N. 1799.

L. aut. sig., à M. de Pixerécourt. Mont-Taudou, 2 juillet 1826. 2 gr. p. pl. et demie in-8. *Rare.*

Charmante lettre au sujet d'une prolongation de congé qu'elle lui demande, sa santé n'étant pas encore entièrement rétablie. . Tout ce qu'elle pourra faire à son retour pour son service qui puisse le dédommager du temps qu'elle a été forcée de prendre, elle le fera...

408. PRADIER, célèbre statuaire français.
L. aut. sig., à M... Sans date. 1 p. pl. in-18.

409. RACHEL (Mlle), célèbre tragédienne.
Pièce sig.. *Rachel Félix.* Paris, 28 octobre 1839. 1 p. in-4.
Elle reconnaît avoir reçu de M. le conservateur des livres et gravures, au ministère de l'intérieur, *une épreuve de la Transfiguration avec les personnages.*
Mars (Mlle), célèbre comédienne. Deux lignes aut. sig., quart de page in-8.
« J'ai fait mes adieux à Avignon, aujourd'hui 29 juin 1823.

410. REGNIER DE LA BRIERE (François-Joseph), acteur sociétaire de la Comédie-Française, et auteur dramatique.
L. aut. sig., à M. Albert. 16 juin 1854. 1 gr. p. pl. et demie in-8.
Charmante lettre, toute affectueuse.

411. RENE, roi de Sicile.
L. sig. (en latin, sur parchemin), au duc d'Orléans. 28 mai 1448.
Belle pièce in-fol. en travers. Sceau.
Lettre de créance donnée à un envoyé.

412. REY (Mlle Anaïs), dite Mme *Jourdain,* charmante et spirituelle actrice. Rôles de grandes coquettes (Porte-St-Martin, Odéon, Théâtre-Historique).
L. aut. sig., à M... Sans date. 1 p. pl. et demie in-8.
Jolie lettre. Intéressante.

413. RICHARDSON, célèbre auteur dramatique anglais.
L. aut. sig. (en anglais), à M... Bath, 19 août... 1 p. pl. in-4.
Richardson (Mme), femme du précédent, auteur dramatique.
L. aut. sig. (en anglais), à M... 15 juillet 1811. 1 gr. p. pl. in-4.

414. RICHTER (Jean-Paul), littérateur allemand.
L. aut. sig. (en allemand), à M. Reimer. Baireuth, 27 août 1810. 3 p. pl. in-8. Belle lettre.

415. ROCHECHOUART (le comte de), maréchal de camp, commandant de la place de Paris en 1814. C'est par ses ordres que fut descendue la statue de Napoléon de la colonne de la Grande Armée.
L. aut. sig., à M. le baron... Paris, 26 juin 1827. 1 p. pl. et demie in-8. Ecriture fine et serrée.
Il lui recommande le placet que Madame la vicomtesse de Courcillon adresse au roi, elle est dans la plus grande détresse, et ne lui demande que *cent mille francs* pour les *cinq cent mille* qui lui sont légitimement dus.

416. ROHAN (la princesse Charlotte de), célèbre par son attachement et son dévouement pour le malheureux duc d'Enghien. Elle était à Ettenheim, près de lui, lorsqu'il lui fut pour toujours enlevé.   N. 1766. M. 1840.
L. aut. sig., à M..., avocat. Au Val-sous-Meudon, 16 juin ....
1 p. pl. in-4.
Au sujet de son différend avec Mad. la princesse de Vaudémont.

417. ROMAGNESI (Auguste-Alexandre de), chevalier de l'Eperon-d'Or, comédien du Théâtre-Italien.
Quitt. sig. (sur parchemin), de la somme de 150 livres de rentes sur les Aides et Gabelles. Paris, 31 mars 1711. *Rare.*

418. ROMBERG (Bernard), célèbre violoniste allemand.
L. a. s. (en allemand), à M... 11 mai 1835. 2 gr. p. pl. in-4.

419. ROYER (J.-B.), évêque constitutionnel de Paris.
Minute aut. sig., en tête (à la 3e personne) de sa lettre pastorale, adressée aux pasteurs et aux fidèles de son diocèse, au sujet de l'attentat commis rue Saint-Nicaise sur la personne du 1er consul Bona-

parte. Donné à Paris le 30 décembre 1801 et 9 nivôse an IX. 1 p. et quart in-4.

420. SABAT (Interrogatoire de participation au).

Minute originale signée *De Courtines*, et *Verdet*, greffier, du second interrogatoire et réponses de *Louis-Charles*, du 1er septembre 1660. 3 p. pl. et quart in-4, avec une copie moderne.

« Nous Antoine de Courtines, escuier, docteur ez droitz, juge de Belley, sça-
« voir faisons, que sur les réquisitions du procureur d'office, nous sommes
« acheminés aux prisons de l'evesché où est detenu l'accusé ou estant et dans la
« seconde chambre de la d. esvesché, avons faict tirer des d. prisons icelluy
« accusé, puis amnenné pardevant nous l'avons enquis s'il est souvenant d'avoir
« le jour d'hyer respondu pardevant nous s'il confessat la vérité, et de mesme
« faict prester serment de dire la vérité, et enquis aussy de ses noms, surnom,
« aage, qualité, demeurance, et s'il sçait la cause de son emprisonnement.
« Respond qu'il est souvenant d'avoir respondu le jour d'hyer, et d'avoir con-
« fessé la vérité, s'appelle Louis Charles, du village de Coron, aagé d'environ
« cinquante ans, ne scachant aultrement la cause de son emprisonnement.
« D. Combien de fois il a esté au Sabat, et sil y a longtemps quil ny ayt pas
« uesté :
« R. N'y avoir jamais esté.
« D. S'y estant au Sabat le Dyable la marqué à sa marque.
« R. N'estre point marqué à la marque du Dyable et estre bon crestien… »

421. SAINT-AUBIN (Jeanne-Charlotte *Schroeder*, femme), célèbre chanteuse de l'Opéra-Comique. N. 1764. M. 1850.

L. aut. sig., à M… 18 février 1812. 1 p. in-8.

La demoiselle St-Aubin de laquelle il annonce les débuts au Conservatoire, n'est point sa fille. Elle le prie de rectifier cette erreur, et de recevoir ses remerciements pour les choses aimables qu'il a bien voulu dire sur les talents de Mad. Duret et Alexandrine; sa jeune Frederic ne s'occupe pas encore du théâtre.

422. SAINT-HUBERTI (Antoinette-Cécile *Clavel*, Mme), célèbre cantatrice de l'Opéra. Née en 1756. Mariée au comte
d'Antraigues, elle fut assassinée avec lui à Londres
en 1812.

L. aut. sig. *De Saint-Huberty*, à M… Paris, 16 avril 1787. 3 gr. p. pl. in-4. Portr. gravé, in-8. Belle lettre.

Lettre intéressante au sujet des deux mois de congé qui lui sont dus par son engagement.

423. SALIERI (Antonio), célèbre compositeur, maître de
chapelle de l'empereur d'Autriche. N. 1750. M. 1830.

Fragment d'une partition, paroles et musique aut. 2 gr. p. in-fol.

424. SAND (Georges), pseudonyme de Mme *Dudevant*.

1o L. aut. sig., à M… 1 p. pl. in-8.

2o Seize pages (imprimées) d'épreuves du roman : *Le Péché de M. Antoine*, avec de nombreuses corrections aut. et cinq signatures de bons à tirer.

425. SAND (Georges). *La même.*

L. aut. sig., à M. Durmont. Sans date. 3 p. pl. in-8. Le second feuillet fortement taché. Curieuse.

Longs détails sur son procès avec M. Buloz.

426. SAVANTS FRANCAIS. 9 pièces et lett.

COUSIN. Apost. aut. sig. in-fol. — GAIL. L. aut. sig. 2 p. in-4. —
GEOFFROY-SAINT-HILAIRE père. Note aut. certifiée par son fils. In-12.
— POISSON. Fragment aut. 1 p. in-fol. — SCHWEIGHAUSER (J.-F.).
1811 et 1818. 5 p. in-4. — THOUIN André. L. sig. 1 p. in-4, et Fragment aut. 2 gr. p. in-fol. — VAUQUELIN. 1816. 2 p. in-4.

427. SAVANTS, ECONOMISTES, LITTERATEURS. 7 lett.
aut. sig.

BALBI (Adrien, géographe. 1 p. in-8. — BLAINVILLE (de). 1 p. in-8.
— BLANQUI (Ad.. 1847, in-4 — BORY DE SAINT-VINCENT. 1844. 2 p.

in-8.—Broussais (le docteur). 1823. 1 p. in-4.—Desgranges (Alexis), orientaliste. 1851. 1 p. in-4. — Dulaurier, orientaliste. 1856, in-4.

428. SAVANTS, ÉCONOMISTES, LITTÉRATEURS. 9 lett. aut. sig.

Du Mersan. 1 p. in-8. — Estourmel (le comte Joseph d'), auteur d'un voyage en Palestine. 2 lett. 1843. 4 p. in-8. — La Borde (Alex. de). 1 p. in-4. — Lacépède (le comte de). 1814. 1 p. in-4. — Langlès. 2 p. in-8. — Lelewel, 1842. 1 p. in-8. — Lestiboudois, médecin. 1 p. in-8. — Letronne. 1 p. in-8. — Plus, le colonel F.-F. Duvivier. 2 lig. aut. sig., et Lacretelle (Charles). L. sig. 1853. 2 p. in-8.

429. SCHROEDER (Antoinette-Sophie *Bürger*, femme), admirable cantatrice allemande.   N. 1781.

L. a. s. (en allemand), à M... 14 avril 1830. 1 p. pl. in-4. Cachet.
Porth (Frédéric-Guillaume), 1er tragique allemand. N. 1800.
L. aut. sig. (en allemand). 3 nov. 1817. 1 p. pl. in-8.
Joli envoi d'un autographe de la célèbre Mme Bethmann.
Porth. *Le même*. Suscription de lett. aut. in-8.

430. SCHRYVER (C.), amiral hollandais.

L. aut. sig. (en hollandais), à son cousin Van den Berg. 14 novembre 1736. 3 gr. p. pl. in-4.

431. SCHUMANN (Robert), célèbre compositeur allemand.

1° Quitt. sig. (sur parchemin). 2 septembre 1847.
2° L. aut. sig. (en allemand), à M... 1 p. pl. in-4.

432. SHERIDAN (Richard Brinsley), orateur politique, auteur dramatique.   N. 1751. M. 1816.

1° L. aut. sig. à la 3e personne (en anglais), demi-page in-4.
2° L. aut. sig. de ses initiales (en anglais). 1 p. in-4.

433. SHIRLEY (Georges), gouverneur de Massachusetts, aux Etats-Unis, auteur dramatique.

Pièce sig. (en anglais), 26 août 1755. 1 p. pl. in-4. *Rare*.

434. SMART (sir George), musicien et compositeur anglais.

Deux lett. a. s. (en anglais), à M. Terrail. 1819 et 1820. 2 p. in-8.

435. SONTAG (Mlle), comtesse *Rossi*, célèbre cantatrice.

L. aut. sig. (en allemand). Londres, 14 juillet 1849. Demi-page in-8.
Portr. lith. in-12.
Lind (Mlle Jenny), surnommée le Rossignol suédois. Une ligne aut. sig. Brompton, 2 juillet 1847. Quart de page in-12. Joli portr. sur son papier à lettre in-18.

436. STANLEY (lord), chef du parti conservateur en Angleterre, ex-premier ministre.

L. aut. sig. (en anglais), à M.... 1835. 1 p. in-4. Lettre politique.

437. STOLTZ (Mlle Victorine *Noël*, femme *Lescuyer*, dite *Rosine*), célèbre cantatrice de l'Opéra.   N. 1815.

L. aut. sig., à M. Taccani. Paris, 12 novembre 1840. 1 p. in-8.
Portr. lith. in-4.
Au sujet des répétitions de la *Favorite*.

438. TADDEI (Rosa), célèbre improvisatrice italienne.

L. aut. sig. (en italien), à M. Giacomo Ferretti. De Casa, 15 février 1826. 1 p. pl. in-4. Jolie lettre, intéressante.

439. TALMA, célèbre comédien.   N. 1766. M. 1826.

L. aut. sig. (à la 3e personne), au citoyen Decharmois. Sans date. 1 p. in-8.
Il le remercie des observations qu'il lui a faites sur le rôle d'Achille. Elles lui ont paru extrêmement justes ; il tâchera de les mettre à profit...

440. TAMBURINI (Michel-Ange), général des Jésuites.
L. aut. sig. (en italien), au cardinal de Baglione. Rome, 19 janvier
1707. 1 p. pl. in-4. Enveloppe aut. avec cachet de la Société.

441. TAYLOR (W.), célèbre critique anglais.
L. aut. sig. (en anglais), à M.. Sans date. 2 gr. p. pl. et demie in-4.
TALFOURD (Thomas-Noon), poëte dramatique anglais de premier mérite.
Fragment aut. sig. (en anglais) de son *Captif d'Athènes*. 1 p. pl. in-4.

442. TERRY (Daniel), acteur du théâtre Adelphi, ami de
Walter Scott. N. 1789. M. 1829.
L. aut. sig. (en anglais), à M... 11 juin 1823. 1 p. pl. in-8. *Rare*.

443. TERRY (Daniel). *Le même*.
L. aut. sig. (en anglais), à M... 3 janvier 1827. 1 p. in-8. Théâtrale.

444. THÉATRE FRANÇAIS (situation du).
Notice intéressante sur la situation financière, par Hippolyte Leroy,
aut. sig. 9 p. in-4.

445. THÉATRE FRANÇAIS (acteurs du).
BEAUVALLET. 1848. 1 p. in-18.—LAFERRIÈRE. 1 p. in-8.—PROVOST,
1 p. in-8. — SAMSON, acteur et auteur dramatique. — 1° 1854. 1 p.
pl. in-8. — 2° 31 octobre...1 p. in-8.

446. THÉATRE FRANÇAIS (tragédiennes et coméd. du).
DOZE (Aimée-Léocadie), Mme de Beauvoir. 1 p. et demie in-8. —
LEVERD (Émilie). 2 p. in-8. — MANTE. 2 p. in-8. — NATHALIE (Zaïre
Martel, dite). 1843. 1 p. in-8. — PARADOL (Mme). 1 p. in-8. — Cinq
lett. aut. sig.

447. THÉODORE (Mlle), femme de Jean *Bercher-Dauberval*,
célèbre danseuse de l'Opéra. N. 1764. M. 1799.
L. a. s., à M.. Londres, 16 mars 1782. 1 p. in-4 (Fatiguée). *Rare*.

448. THOMPSON (Charles), acteur anglais.
L. aut. sig. (en anglais), à M. Kenneth. 1 p. in-8. Curieuse.
THOMPSON (Benjamin), excellent auteur dramatique. L. aut. sig. (en
anglais). 30 octobre 1800. 2 p. pl. in-4.
THOMPSON (W.), acteur. L. aut. sig. (en anglais), à R.-B. Shéridan.
6 août 1795. 1 p. in-8
THICKNESSE (Philippe), poëte anglais. L. aut. sig. (en anglais), au
révérend John Harley. 21 juin 1775. 1 gr. p. pl. et demie in-fol. Ca-
chet. Belle lettre.
TELL (William), savant numismate. L. aut. sig. (en anglais), à M. Ed.
Spencer. 1831. 1 p. pl. in-4.

449. TOUZEZ (Étienne-Augustin, dit *Alcide*), célèbre
Jocrisse du théâtre du Palais-Royal. N. 1806. M. 1850.
L. aut. sig., à M. Gueffier. Mardi soir. 1 p. in-8 en travers.

450. TROMP (l'amiral), le rival de gloire de *Ruiter*.
L. sig. (en hollandais). La Haye, 19 mars 1648. 1 gr. p. pl. in-fol
Belle lettre. *Rare*.
Relative à une demande et à des affaires de service.

451. VALABREGUE, homme de lettres, directeur du Théâtre
Italien, mari de Mme *Catalani*.
Deux lett. aut. sig., à M. Benelli, au Théâtre-Italien, à Paris. Gand
et Amsterdam. 1819. 4 p. in-4.

452. VALMONZEY (Mlle C.), belle et bonne tragédienne du
Théâtre-Français. N. 1799. M. 1835.
L. aut. sig., à M. Armand Séville. Paris, 3 mars 1826. 1 p. pl. in-8.
Jolie lettre.
Elle lui annonce qu'elle débute demain jeudi à la Comédie-Française par le
rôle de Sémiramis...

453. VATTEMARE (Alexandre), artiste dramatique, connu en Europe sous le nom d'*Alexandre*.

1º L. aut. sig. (à la 3ᵉ personne, en anglais), à M. Elliston, au théâtre de Drury-Lane. 1 p. in-8.

2º Trois lignes aut. sig. pour M. de Falkenstein, in 4. — Et une adresse aut. au même, in-4.

454. VERNET (Carle), Peintre de chasses, de chevaux, etc.

1º Certificat de vie sig. Paris, 30 décembre 1813. 1 p. in-fol.

2º L. aut. sig. *C.-V.*, à Mme... 1 p. in-18.

455. VENDEE (Essais politiques et historiques sur l'armée royaliste et chrétienne dans la), suivis de réflexions sur la position de l'armée depuis le passage de la Loire.

Manuscrit intéressant du commencement de 1794, d'une très-belle écriture, et qui paraît de la main d'un des coopérateurs les plus actifs des guerres de cette époque mémorable. 20 gr. p. in-fol.

456. VENDEE (Insurrection de la) en 1830-1831.

Correspondance des généraux commandant dans les départements de l'Ouest, en 1830 et 1831, avec le général Maximilien Lamarque, 74 lettres comprenant et donnant des détails d'un très-grand intérêt sur les hommes, les choses et les événements du temps.

1º Bagneris (le général Baron). Seize lettres aut. sig., la plupart confidentielles. Auch, 1830-1831. Ensemble, 26 p. in-4.

2º Cardeneau (le général), député. L. aut. sig. Tilh, 5 mars 1831. 2 p. in-4.

3º Darricau (le général Ch.). Deux lett. aut. sig. Blaye et Bordeaux, 2 août et 11 novembre 1831. 4 p. in-4.

4º Delaage (le général, baron). Vingt-quatre lettres aut. sig., datées d'Angers, 1830-1831. Ensemble, 46 p. in-4 et in-fol.

5º Dumoustier (le général, comte). Vingt lettres aut. sig., datées de Nantes, Angers, 1830-1831. Ensemble, 47 p. in-4.

6º Noguès (le général). Deux lett. aut. sig. Tarbes, 1830. 2 p. in-4 et 2 p. et demie in-fol.

7º Pinoteau (le général). Deux lett. aut. sig. La Rochelle. 1830. 2 p. in-4 et 2 p. in-fol.

8º Picquet (le général, baron). L. aut. sig. Niort, 1830. 2 p. in-4.

9º Piré (le général, comte de). L. sig. 1831. 2 p. in-4.

10º Vaudoncourt (le général de). Cinq lett. aut. sig. Brest et Angoulême, 1830 et 1831. Ensemble, 6 p. in-4.

457. VEZELISE, département de la *Meurthe* (procès-verbal de l'événement fâcheux qui a eu lieu à).

Pièce officielle adressée au général Desdorides, commandant général de Metz, et signée par lui, comme copie conforme. Vingt-six brumaire an VI. 3 gr. p. pl. et demie in-fol.

458. VICAIRES-GENERAUX DE PARIS, etc.

Des Jardins. 1822. — Jalabert. 1822. — Mons. — Serpe. Beauvais, 1802. — Servois. L. aut. — L'homme de Mercy. 184. — Six lett. aut. sig. 12 p. in-8 et in-4.

459. VICTOR (Pierre-Victor *Lerebours*, dit), 1ᵉʳ tragique du Théâtre-Français. N. 1793.

L. aut. sig., à M. Champion, régisseur du Théâtre-Royal, à Bruxelles. Paris, 1ᵉʳ février 1817. 1 p. in-4. Jolie lettre.

460. VICTORIA, reine de la Grande-Bretagne.

Une ligne aut. sig. (en anglais), pour la duchesse de Gloucester. Petit billet in-18 (collé). Beau portrait gravé in-4.

461. VIGEE (Louis-Jean-Baptiste-Etienne), littérateur, auteur
dramatique.   N. 1758. M. 1820.
Quatre lett. aut. sig., à divers, an XII. 5 p. petit in-8.

462. VIGNY (le comte Alfred de), membre de l'Académie
française, auteur de *Cinq-Mars*.
Epreuves de son discours de réception à l'Académie française (30 janvier 1846), avec de nombreuses corrections autographes. 16 p. imprimées, et 1 p. aut.

463. VIVIER, célèbre *cor*.
Billet aut. sig. Sans date. 1 p. in-8 en travers.
Spontini, compositeur italien. L. aut. sig., à M. Lubbert. Paris, 18 juillet 1830. 1 p. pl. in-4. Belle lettre.
Au sujet du plan d'*Agnès d'Hohenstaufer* qu'il lui a soumis, etc.

464. WALDECK (G.-Frédéric, prince de), prince de l'Empire, feld-maréchal des armées de la république des Provinces-Unies.   N. 1620. M. 1682.
L. aut. sig. (qui paraît être un post-scriptum), écrite dans le courant de la guerre de 1689 — 1697. 2 p. pl. in-4.
Il vient de recevoir du comte Berlo l'avertissement qu'il a fait enlever le baron de Bouckholt, chanoine de Liége, chef du parti français, et menaçant publiquement l'évêque et tous ceux qui appuient la bonne cause. Conséquence de cet enlèvement vis-à-vis de l'Empereur, du Pape et du roi d'Espagne, etc.

465. WEIGL (Joseph), compositeur allemand.   N. 1766.
L. aut. sig. (en allemand), sans date. 1 p. pl. et demi in-4.
Belle lettre, toute musicale.

466. WEISSENTHURN (Jeanne-Franul-Véronique *Grünberg*, femme de), célèbre actrice allemande et auteur dramatique.   N. 1773. M. 1847.
L. a. s. (en allemand, à M...,16 décembre 1824. 1 p. pl. in-4. Rare.
Belle lettre, relative à sa pièce de *Pauline*.

467. WILBERFORCE (William), célèbre philantrope anglais, membre du Parlement en 1784.   N. 1759. M. 1833.
L. aut. sig. (en anglais), à M. Kemp. 24 septembre 1811. 8 p. pl. in-8. Port. gravé in-8.
Très-belle lettre, toute relative aux projets philantropiques qui l'ont constamment occupé.

468. WILSON (Mme), auteur dramatique anglais.
L. aut. sig. (en anglais), à M. Mackinlay. 1830. 1 p. in-8.
Warren (J.), auteur dramatique anglais. L. aut. sig. (en anglais). 14 mars 1792. 2 gr. p. pl. et demie in-4.
Vicary (Michel), littérateur irlandais. L. aut. sig. (en anglais) 5 mai 1855. 1 gr. p. pl. et quart in-4. Cachet.
Valpy (A.-J.), célèbre écrivain anglais. L. aut. sig. (en anglais), à M. Whitbread. 27 sept. 1813. 1 p. pl. in-4.

469. WITSEN (Nicolas), bourguemestre d'Amsterdam, contribua puissamment par son influence politique en Hollande, à la réussite de l'expédition qui renversa la maison des Stuart du trône de la Grande-Bretagne.
Né à Amsterdam 1640.   Mort en 1715.
L. aut. sig. (en hollandais), comme ambassadeur extraordinaire des états-généraux à la cour de Londres, à M. Ten Hove, conseiller pensionnaire des états de Hollande. Londres 15 mars 1689. 1 gr. p. pl. in-fol. Au bas se trouve la signature originale de *Guillaume de Nassau* et d'*Edouard de Weede*.
Rare et belle lettre, relative à la déclaration de guerre du gouvernement

anglais à Louis XIV, et à un traité d'alliance entre le roi de la Grande-Bretagne et la République des Provinces-Unies.

470. WITTE DE WITTE, amiral hollandais.

L. sig. (en hollandais). Rotterdam, 27 décembre 1640. 2 tiers de page in-fol. Relative à des affaires de service.

471. YATES (Frédéric), célèbre comédien anglais. 1795-1842.

L. aut. sig. (en anglais), à M. Westmacott. 1 p. petit in-4.

Vandenhoff (John), acteur, le meilleur premier rôle d'Angleterre. N. 1789. L. aut. sig. (en anglais), à M. Nicholls. 23 août 1 p. in-8.

Wallack (James-William), un des meilleurs acteurs de l'Angleterre. L. aut. sig. (en anglais). 1 p. in-8.

Noble, danseur et maître de ballets anglais. L. aut. sig. (en anglais), à M. Winston, 23 sept. 1824. 1 p. in-4. Cachet

472. YATES (Mme *Ansell*), excellente actrice tragique.

L. aut. sig. (en anglais), à M. Slow. 15 mai. 1 p. in-4.

Young (Charles-M.), célèbre acteur tragique anglais. L. aut. sig. (en anglais), 1851. 1 p. in-8.

473. ZENO (Apostolo), auteur dramatique italien.

L. a. s. (en italien), à M... Venise, 23 janvier 1735. 1 p. pl. in-4.

Zanotti (Jean-Pierre), auteur dramatique. L. aut. sig. (en italien), à son Excellence... 10 juin 1729. 1 p. in-4.

Wolff (Oscar-Louis-Bernard), célèbre improvisateur allemand. N. 1799. M. 1852. L. a. s. (en allemand), 17 janvier 1838. 1 p. pl. in-8.

Blumner (Henri), auteur dramatique allemand. N. 1765. M. 1839. L. aut. sig., à M... Paris, 7 août 1810. 1 p. in-4.

---

474. CAISSE DE POISSY, MARCHÉS AUX BESTIAUX DE SCEAUX ET POISSY.

1° Pièces (vingt) officielles manuscrites, arrêts des conseils concernant l'établissement de la bourse des marchés de Sceaux et de Poissy, ordonnances de police, signification de jugements, requêtes, etc., de 1704 à 1753. Ensemble, 79 p. in-4 et in-fol. — L'arrêt du conseil (extrait des registres du Conseil d'État. 10 gr. p. in-fol., sur parchemin), concernant l'établissement de la Bourse, des Marchés dè Sceaux et Poissy, rendu par le roi au camp sous Tournay, le 5 juin 1745, est signé par le ministre *Phélypeaux*, et par le lieutenant de police *Feydeau de Marville*.

2° Recueils d'arrêts, édits, déclarations du roi, lettres-patentes et autres pièces pour l'établissement, la surveillance, l'administration, etc.. des marchés de Sceaux et de Poissy, et la caisse de Poissy. De juillet 1610, à février 1776. Pièces officielles imprimées, réunies et détachées, formant ensemble 445 p. in-4.

Réunion de pièces intéressantes pour l'histoire de cette institution.

FIN.